EIKE VON HIPPEL

Grenzen und Wesensgehalt der Grundrechte

Schriften zum Öffentlichen Recht

Band 19

Grenzen und Wesensgehalt
der Grundrechte

Von

Dr. Eike von Hippel

DUNCKER & HUMBLOT / BERLIN

Meinen Eltern

Vorwort

Bei der Weite des zu behandelnden Problemkreises und dem Reichtum an einschlägiger Literatur und Rechtsprechung kann eine Studie von beschränktem Umfang nicht mehr sein als ein bescheidener weiterer Diskussionsbeitrag. Dieser sucht aus der Fülle des Vorhandenen die eigentlich tragenden Gesichtspunkte herauszustellen und in eine gehörige Ordnung zu bringen. Von hier aus läßt sich dann, wie der Verfasser hofft, zur Klärung grundsätzlicher Probleme und zur Lösung auch mancher Einzelfrage etwas beitragen.

Herrn Ministerialrat a. D. Dr. Johannes Broermann, Inhaber des Verlages Duncker & Humblot in Berlin, bin ich für seine freundliche Förderung der Arbeit zu Dank verpflichtet.

Freiburg i. Br., im Oktober 1964

Eike von Hippel

Inhalt

Einleitung

Der Gedanke sogenannter „Grund"- oder „Menschenrechte", einst von den Naturrechtsdenkern in einer bestimmten historischen Lage entdeckt, hat sich im Laufe der Zeit die Welt erobert.[1]

Heute enthalten die Verfassungen wohl aller modernen Staaten gewisse „Grundrechte". Und darüber hinaus ist der Gedanke neuestens auch auf übernationaler Ebene zum Ausdruck gekommen. Einmal in der — freilich nur programmatischen — „Erklärung der Menschenrechte" (Declaration of Human Rights) der Vereinten Nationen vom 10. Dezember 1948.[2] Sodann in der „Europäischen Konvention zum Schutze der Menschenrechte und Grundfreiheiten" vom 4. November 1950.[3]

Betrachtet man im besonderen die Rechtslage, wie sie bei uns hinsichtlich der Grundrechte besteht, so fällt auf, daß Theorie und Praxis zunehmend auf die Grundrechte hinweisen und zurückgreifen, um für alle möglichen Probleme Lösungen zu finden und zu rechtfertigen. Manchem erscheint diese Tendenz bereits übertrieben und deshalb nicht unbedenklich. Besorgte Stimmen warnen vor einer „Inflation" und einem „Ausverkauf" der Grundrechte.

Unter diesen Umständen ist es nicht nur berechtigt, sondern notwendig, über Wesen, Bedeutung und Tragweite der „Grundrechte" weiter nachzudenken. Zu den vielfältigen Bemühungen in dieser Richtung möchte die vorliegende Studie über „Grenzen" und „Wesensgehalt" der Grundrechte beizutragen suchen.

Ausgehend von den vorgegebenen Problemen (I.) und einem Blick auf den Lösungsversuch des Bonner Grundgesetzes, der sich als nicht voll geglückt erweist (II.), bemüht sich die Arbeit, den Geltungsbereich der Grundrechtssätze zu bestimmen oder, um das gleiche in der bisher üblichen Terminologie auszudrücken, die „immanenten" „Schranken" („Grenzen") der Grundrechte herauszuarbeiten (III.) und damit zugleich

---

[1] Einen eindrucksvollen Überblick gibt insoweit Fritz Hartung, Entwicklung der Menschen- und Bürgerrechte von 1776 bis zur Gegenwart, 3. Aufl. 1964. Weitere Literaturnachweise daselbst S. 173 ff.

[2] Siehe näher K.-H. Sonnewald, Deklaration der Menschenrechte der Vereinten Nationen, Dokumente Heft 16 (1955).

[3] Als deutsches Gesetz verkündet am 7. August 1952 (BGBl. II S. 685 ff.) — siehe näher Claus Weiss, Die europäische Konvention zum Schutze der Menschenrechte und Grundfreiheiten, Dokumente Heft 15 (1954).

eine Entscheidung der umstrittenen Frage zu ermöglichen, welche Bedeutung dem Artikel 19 Abs. 2 GG[4] zukommt (IV.).

Die Studie schließt mit einer Empfehlung für die zukünftige Verfas-
sungsgesetzgebung.

---

[4] „In keinem Falle darf ein Grundrecht in seinem Wesensgehalt angetastet
werden."

I. Die vorgegebenen Probleme

Betrachtet man, wie sich die Grundrechte herausgebildet haben und wie sie in den bedeutsamsten Verfassungen jeweils formuliert worden sind, so fällt u. a. folgendes auf: Einige der frühesten Erklärungen, etwa die berühmte „Bill of Rights" von Virginia (1776)[1] sowie die der US-Verfassung (1787) im Jahre 1791 angefügten Amendments, garantieren die Grundrechte ohne jeden ausdrücklichen Vorbehalt. Schon die Déclaration des droits de l'homme et du citoyen vom 26. August 1789 bemüht sich hingegen nicht nur, gewisse Grenzen der Freiheit grundsätzlich deutlich zu machen,[2] sondern weist anschließend auch bei den einzelnen Freiheitsrechten auf die durch das Gesetz[3] begründeten oder begründbaren Regelungen hin.[4] Entsprechende Bemühungen lassen sich seit jener Zeit über zahlreiche Verfassungsurkunden des 19. Jahrhunderts bis zur Gegenwart hin verfolgen.[5]

---

[1] Siehe insbes. Section 1 und 12 (abgedr. etwa bei Günther Franz, Staatsverfassungen, 1950, S. 10).

[2] Nämlich in Art. 4: „Die Freiheit besteht darin, alles tun zu können, was einem anderen nicht schadet. So hat die Ausübung der natürlichen Rechte eines jeden Menschen nur die Grenzen, die den anderen Gliedern der Gesellschaft den Genuß der gleichen Rechte sichern. Diese Grenzen können allein durch Gesetz festgelegt werden." — Die französische Verfassung vom 3. September 1791, der die „Déclaration" dann vorangestellt wurde, verdeutlichte diesen Punkt noch in ihrem ersten Titel: „Die gesetzgebende Gewalt kann keine Gesetze erlassen, welche die Ausübung der natürlichen und bürgerlichen Rechte ... beeinträchtigen oder hindern. Aber da die Freiheit nur darin besteht, alles das tun zu können, was weder den Rechten eines anderen noch der öffentlichen Sicherheit schadet, kann das Gesetz Strafen gegen die Handlungen festsetzen, welche die öffentliche Sicherheit oder die Rechte eines anderen angreifen und dadurch der Gesellschaft schaden würden."

[3] Dieses wird im Sinne von Rousseau als Ausdruck der „volonté générale" angesehen und bezeichnet (Art. 6).

[4] Dieser Unterschied erklärt sich wohl daraus, daß die amerikanischen Erklärungen im Gegensatz zur französischen Déclaration die Menschenrechte (noch) nicht einseitig als Garantie subjektiver Rechte des Einzelmenschen verstanden, sondern sie eher als objektive Prinzipien, also von ihrer institutionellen Seite her sahen (vgl. Walter Hamel. Die Bedeutung der Grundrechte im sozialen Rechtsstaat, 1957, S. 8 f.).

[5] Siehe etwa Art. 7 ff. der belgischen Verfassung von 1831; §§ 138 ff. des Verfassungsentwurfs der Frankfurter Nationalversammlung von 1849; Art. 55 f. der Schweizer Bundesverfassung von 1874; und Art. 111 ff. der Weimarer Verfassung (sämtlich abgedr. bei Günther Franz, Staatsverfassungen, 1950).

Dieser Entwicklungsgang bestätigt die schon rational gewinnbare Einsicht, daß die Grundrechtsnormen — wie jeder Rechtssatz — nicht in abstracto, sondern nur in Beziehung auf ganz bestimmte Lebenssachverhalte gelten.[6]

Diese Tatsache ist es, die sich hinter dem allgemein gebräuchlichen Bild von (immanenten) „Schranken" oder „Grenzen" der Grundrechte verbirgt: jedes Freiheitsrecht, so wird erklärt, trage von vornherein gewisse „inhärente" oder „immanente" „Schranken" („Grenzen") in sich.[7] [8]

Diese Terminologie erscheint nicht unbedenklich. Wie eine noch durchzuführende genaue Untersuchung ergeben würde, liegt ihr eine überprüfungsbedürftige, ihrer selbst häufig nicht voll bewußte Betrachtungsweise zugrunde. Hier kann insoweit einstweilen nur auf Folgendes hingewiesen werden: Unter dem Eindruck einer bestimmten historischen Entwicklung hat man sich allzusehr daran gewöhnt, die Grundrechtsnormen in abstracto als Garantien sogenannter „subjektiver Rechte" zu betrachten. Diese „subjektiven Rechte",[8a] die seit den Naturrechtslehren das Denken bis heute beherrschen, werden nun nicht mehr als Ausdruck dafür verstanden, daß in ganz bestimmten Lebenslagen diese oder jene Regelung gelten soll; sondern sie verselbständigen sich zu Schemen von räumlich-gegenständlichem Charakter. Als solche erscheinen sie zunächst entweder unbeschränkt — so daß jede sie

---

[6] Man braucht nur einen der bekannten Kommentare zum Grundgesetz aufzuschlagen, um sich diese Tatsache an einer Fülle von Einzelfällen zu veranschaulichen; s. etwa v. Mangoldt-Klein, Das Bonner Grundgesetz, 2. Aufl. (1957) S. 161 ff.

[7] Siehe hierzu die detaillierten Angaben und Zitate unten III. S. 23 ff.; auch die bedeutsame Arbeit von Peter Häberle (Die Wesensgehaltgarantie des Art. 19 Abs. 2 Grundgesetz, 1962) bleibt nach einem Generalangriff auf das traditionelle „Eingriffs- und Schrankendenken" (S. 3 und passim) bei der Vorstellung von „immanenten Grenzen" der Grundrechte stehen (S. 51 ff.), macht in der Sache allerdings bereits deutlich, daß es um die Frage nach dem Geltungsbereich der Grundrechtsnormen geht.

[8] Das gleiche Bild wird über den Bereich der Grundrechte hinaus ganz allgemein für die sog. „subjektiven Rechte" gebraucht — s. etwa Soergel-Siebert, Bürgerl. Gesetzbuch, 1. Bd. (1959) Ziff. 1 ff., bes. Ziff. 12 (S. 755) vor § 226 und Staudinger-Weber, Komm. z. BGB, 2. Bd., Teil 1b (1961) Bem. D 24 ff. S. 749.

[8a] Zur zentralen Stellung des „subjektiven Rechts" in der überkommenen Systembildung des Privatrechts vgl. die Nachweise bei Raiser, Vertragsfunktion und Vertragsfreiheit, in: Hundert Jahre Deutsches Rechtsleben, Festschrift Deutscher Juristentag Bd. 1 (1960) 101 ff.; ders., Der Stand der Lehre vom subjektiven Recht im deutschen Zivilrecht, JZ 1961, 465 ff. Nachweise zur entsprechenden Lage im öffentlichen Recht daselbst S. 471 Anm. 65. Nicht ohne Grund regen sich nunmehr aber Zweifel an der Angemessenheit der traditionellen Denkformen. So weist Raiser darauf hin, das Privatrecht sollte besser nicht als ein System subjektiver Rechte, sondern als ein System von Rechtsstellungen und Rechtsverhältnissen entwickelt werden (a.a.O. S. 105; vgl. auch JZ 1961, 472).

betreffende Regelung als „Einschränkung" („Eingriff") sich darstellt —, oder als von vornherein gewisse immanente „Schranken" („Grenzen") in sich tragend.[9]

Von dieser Auffassung der Grundrechte (wie der „subjektiven Rechte" überhaupt) als raumkörperhafter Gebilde muß man sich frei machen und den unbefangenen Blick für die Lebenswirklichkeit zurückgewinnen.

Die Grundrechtsnormen sind der Versuch, bestimmte Grundfragen der Sozialordnung in einer sinnvollen Weise zu regeln.[10] Sie bedeuten eine Grundsatzentscheidung: nämlich die Absage an den alle Lebensverhältnisse reglementierenden totalen Staat und das Bekenntnis zu einer freiheitlichen, auf der Selbstbestimmung des Einzelnen aufbauenden Ordnung.[11] Freilich ist hierbei von vornherein zu beachten: Die Grundrechtsnormen sind (bloße) Grundsatznormen.[12] Die von ihnen aufgestellten Prinzipien bedürfen der Konkretisierung.[13] In ihrer hohen Abstraktion können die Grundrechtsnormen im ganzen nur Richtlinien geben — die dann freilich für viele Fälle zu eindeutigen Entscheidungen führen —, nämlich darauf hinweisen, daß bestimmten Freiheitsinteressen (Glaubens-, Meinungs-, Berufs-, Eigentumsfreiheit usw.), kurz

---

[9] Diese Entwicklung läßt sich für die „subjektiven Rechte" über den Bereich der „Grundrechte" hinaus beobachten. Sie hat in der Zivilrechtslehre zu dem fragwürdigen und wenig fruchtbaren Streit darüber geführt, „ob die Ausübungsschranken der subjektiven Rechte von außen bestimmt werden (Außentheorie: H. A. Fischer, Oertmann) oder im Rechte selbst wurzeln (Innentheorie: Endemann, Kipp, O. v. Gierke)" (Esser, Schuldrecht, 2. Aufl. 1960, § 34 Ziff. 8 S. 117). Detaillierte Nachweise hierzu bei Staudinger-Weber, Kommentar zum BGB, 2. Bd., Teil 1b (1961) § 242 D 24 ff., S. 749.

[10] Auf die verschiedenen Begründungsversuche der Grundrechte und auf den Streit über ihren positiven oder überpositiven Charakter (s. hierzu etwa Erich Fechner, Die soziologische Grenze der Grundrechte, 1954, S. 27) braucht hier nicht eingegangen zu werden. Denn die folgenden Ausführungen gelten unabhängig davon, welche Stellung man insoweit einnimmt.

[11] Vgl. etwa Erich Kaufmann, Gesammelte Schriften, Bd. 1 (Autorität und Freiheit) 1960, S. 285 ff., 520 f., 589 ff. Siehe näher unten S. 48 f.

[12] Albert Hensel bemerkt hierzu: „Die Grundrechtsordnung preßt in verhältnismäßig wenigen Sätzen den Kern der gesamten deutschen Rechtsordnung zusammen ... So kann man sagen, ein großer Teil der in den Grundrechten verwandten Einzelbegriffe trägt den Charakter einer Generalklausel" (Grundrechte und Rechtsprechung, in: Die Reichsgerichtspraxis im deutschen Rechtsleben, 1929, S. 1 ff., 28).

[13] So spricht etwa Georg Jellinek von „abstrakten, erst durch detaillierte gesetzgeberische Durchbildung lebensfähigen Prinzipien" (Die Erklärung der Menschen- und Bürgerrechte, 3. Aufl. 1919, S. 4). Und van der Ven weist darauf hin, das „Recht am Leben" könne nicht mehr als ein „Ausgangspunkt" sein, von dem der Weg durch ein Gestrüpp kasuistischer Problematik gebahnt werden müsse — von der Notwehr über die Todesstrafe zum Kriegsrecht, von dem Lebensrecht des Embryos zur Euthanasie. Entsprechendes gelte für sonstige Rechte (Grundrechte und Geschichtlichkeit, 1960, S. 27). Vgl. auch Hans Huber, Die Verfassungsbeschwerde (1954) S. 17 ff.

dem Gedanken individueller Selbstbestimmung, bei der Ordnung der Lebensverhältnisse und der Lösung von Konfliktsfällen ein besonderes Gewicht beizumessen ist. Die Berücksichtigung sonstiger Gesichtspunkte soll dadurch aber nicht ausgeschlossen werden.[14]

Wir stoßen hier auf ein Problem, das sich für jede Rechtsnorm stellt, also von allgemeiner Bedeutung ist: nämlich auf die Frage nach dem Geltungsbereich der einzelnen Rechtsnormen.

Jede Rechtsnorm gibt als sozialer „Soll"-Satz[15] an, wie sich jemand in einer bestimmten Lage zu verhalten hat, zum Beispiel als Käufer oder Verkäufer, als Finder, Erbe, Ehegatte, Vater, Beamter.[16] Diesen „Soll"-Charakter verliert ein Rechtssatz auch dann nicht, wenn man ihn nicht im Hinblick auf den Verpflichteten („Sollen"), sondern im Hinblick auf den Berechtigten („Dürfen") formuliert. So bringt etwa der Satz „Der Eigentümer kann mit der Sache nach Belieben verfahren und andere von jeder Einwirkung ausschließen" mittelbar zum Ausdruck, daß alle anderen das Verhalten des so Berechtigten ihrerseits (grundsätzlich) hinzunehmen und zu dulden haben.

Das Gleiche gilt auch hinsichtlich der Grundrechtsnormen. Hier bedeutet etwa der Satz „Jeder hat das Recht, seine Meinung frei zu äußern und zu verbreiten": die „öffentliche Gewalt"[17] muß es (grundsätzlich) hinnehmen und dulden, daß die Einzelnen ihre Meinung äußern und

---

[14] Aufschlußreich ist insoweit ein Vergleich zwischen dem Bonner Grundgesetz und der Europäischen Konvention zum Schutze der Menschenrechte. Beide Dokumente gehen von einer sehr weiten Fassung der Grundrechte aus und suchen diese knapp und leicht verständlich zu formulieren. Während aber „das Grundgesetz dieser weiten Fassung nur allgemein gehaltene Bestimmungen über die Schranken des einzelnen Rechts beifügt, umreißt die Konvention mit kasuistischer Genauigkeit, was die einzelnen Artikel gewähren sollen und was nicht. Man geht von einem Grundbegriff aus und zwängt eine ganze ‚Kommentierung' in den einzelnen Artikel, wobei der Schwerpunkt dieses ‚Kommentars' auf den aus der Garantie auszuklammernden Tatbeständen liegt" (Claus Weiss, Die europ. Konvention zum Schutze der Menschenrechte, Dokumente Heft 15, 1954, S. 11). Freilich kann trotz solcher Bemühungen der Geltungsbereich der Grundrechtsnormen nicht von vornherein für alle fraglichen Fälle eindeutig festgelegt werden (s. unten Anm. 22). Es handelt sich insoweit um ein Problem, das für alle Generalklauseln besteht. Deshalb erscheint fraglich, ob — wie Smend meint — diese Schwierigkeit sich „einfach daraus" erklärt, „daß die Grundrechte eben nicht Verwaltungsrecht, Spezialpolizeirecht, Privatrecht usw., sondern daß sie Verfassungsrecht sind" (Smend, Verfassung und Verfassungsrecht, 1928, S. 161).

[15] Fritz v. Hippel, Recht und Unrecht, Bericht über die Würzburger Tagung der deutschen Sektion der Internationalen Juristenkommission am 2. und 3. Dezember 1961, S. 68 ff. (90); jetzt auch abgedruckt in v. Hippel, Rechtstheorie und Rechtsdogmatik (1964) S. 265 ff. (294). — Die Ansichten über den Charakter des Rechtssatzes sind allerdings nicht einheitlich. Siehe dazu näher Larenz, Methodenlehre der Rechtswissenschaft (1960) S. 152 ff.

[16] Von den Sätzen mit bloßem Hilfscharakter, wie etwa den Definitionssätzen (z. B. §§ 90, 97 BGB), wird hier abgesehen.

[17] Dieser Begriff wird gebraucht in Art. 19 Abs. 4 GG und § 90 BVGG.

verbreiten, darf also eine solche Meinungsäußerung (grundsätzlich) nicht verbieten.[18][19]

Jeder Rechtssatz gibt also an, was in einer bestimmten Lebenslage gelten soll; er ist die Antwort auf eine bestimmte vorgegebene Lebensfrage.

Die eigentliche Schwierigkeit besteht nun darin, die Sätze so zu fassen, daß eindeutig feststeht, auf welchen Lebenssachverhalt sie sich jeweils beziehen, für welche Fälle sie also jeweils gelten sollen.

Die kasuistische Regelung sucht diese Schwierigkeit dadurch zu meistern, daß sie die Rechtssätze möglichst detailliert faßt. Dadurch werden dann zwar die Fälle, für die die Regeln jeweils gelten sollen, im ganzen tatsächlich so klar bezeichnet sein, daß sich ein weiteres Nachdenken insoweit regelmäßig erübrigt. Doch wird es auch immer wieder Fälle geben, in denen selbst gegenüber einem möglichst detailliert gefaßten Rechtssatz die Frage, die man bannen wollte, neu sich aufdrängt: Soll dieser (scheinbar so eindeutige) Rechtssatz auch für diesen besonderen Fall gelten? Ein Arzt eilt mit seinem Pkw einem verblutenden Schwerverletzten zu Hilfe. Gilt für diesen Fall die Vorschrift des § 9 Abs. 4 StVO, die die zulässige Höchstgeschwindigkeit innerhalb geschlossener Ortschaften auf 50 km/h beschränkt? Oder die Vorschrift des § 2a StVO, nach der den Weisungen und Zeichen von Polizeibeamten zum Anhalten zu folgen ist? Es zeigt sich an einem einzigen solchen Beispiel, daß gegenüber der vielgestaltigen Fülle des Lebens auch die weitgetriebenste Kasuistik noch zu wenig differenziert.

Kann nun aber nicht einmal die weitgetriebenste Kasuistik alle Zweifel bannen und stets eindeutig angeben, für welche Fälle ein bestimmter Rechtssatz gelten soll, um wieviel größer müssen dann die Schwierigkeiten werden, wenn man es nicht mit einer detaillierten Regel zu tun hat, sondern mit einem abstrakt-allgemein gefaßten Rechtssatz. Hier ist die Frage, die sich gegenüber einer detaillierten Regelung nur in Ausnahmefällen stellt, regelmäßig zu beachten: Bezieht sich dieser Rechtssatz auch auf den vorliegenden konkreten Fall?

Diese Frage muß nun insbesondere auch gegenüber den abstrakt-allgemein gefaßten Grundrechtsnormen gestellt werden. Es zeigt sich

---

[18] In der amerikanischen Verfassung wird dies durch die Formulierung klar zum Ausdruck gebracht: „Congress shall make no law ..." (1. Zusatzartikel); „No State shall make any law ..." (14. Zusatzartikel).

[19] Ob diese Duldungspflicht nicht nur die „öffentliche Gewalt", sondern jedermann oder doch zumindest auch gewisse „soziale Gewalten" trifft, mag hier dahinstehen; s. zu diesem Problem sog. „Drittwirkung" der Grundrechte etwa Enneccerus-Nipperdey, Allgem. Teil des bürgerl. Rechts, 15. Aufl. 1. Halbband (1959) § 15 II 4 (m. w. Nachw.); ders. in: „Die Grundrechte" IV/2 (1962) S. 747; Walter Leisner, Grundrechte und Privatrecht (1960).

dann sehr schnell, daß der einzelne Grundrechtssatz für eine Vielzahl von Fällen, auf die er infolge seiner abstrakten Fassung bezogen werden könnte, von vornherein nicht gilt; und zwar deshalb nicht gilt, weil neben dem Freiheitsinteresse, dessen Schutz der Satz garantiert, zahlreiche andere Güter stehen, die an Bedeutung und Schutzwürdigkeit diesem Interesse in vielen Fällen vorgehen.[20] Deshalb können die einzelnen Grundrechtsnormen (und damit kommen wir auf unseren Ausgangspunkt zurück) nicht mehr geben als den allgemeinen Hinweis, daß bestimmten Freiheitsinteressen (Glaubens-, Meinungs-, Berufs-, Eigentumsfreiheit usw.), kurz, dem Gedanken individueller Selbstbestimmung, bei der Ordnung der Lebensverhältnisse und der Lösung von Konfliktsfällen ein besonderes Gewicht beizumessen ist.[21] Zu welchen Ergebnissen dieser allgemeine Hinweis, der freilich oft ohne weiteres eine eindeutige Entscheidung ermöglicht, im Einzelfall führen wird, das läßt sich erst auf Grund einer sorgfältigen Analyse der jeweiligen Situation unter gerechter Abwägung aller hineinspielenden Interessen entscheiden.[22]

---

[20] Ein Katalog der wichtigsten insoweit in Betracht kommenden Interessen findet sich etwa bei Claude du Pasquier, La liberté et le droit suisse, in: Die Freiheit des Bürgers im schweizerischen Recht (1948) S. 1 ff. (7 ff.). Den Versuch einer systematischen Ausarbeitung hat nun Gallwas unternommen, der insoweit unterscheidet: 1. Vorrangige Interessen eines anderen Grundrechtsträgers, 2. vorrangige Interessen der Allgemeinheit, 3. schutzwürdige Interessen der staatlichen Gewalten (Gallwas, Der Mißbrauch von Grundrechten, Diss. München 1962, S. 54 ff., 95 ff., 108 ff.). Vgl. auch die unten S. 35 ff. angeführten Beispielsfälle.

[21] Folgerichtig ist von einer „grundsätzlichen Freiheitsvermutung" auszugehen, wie dies das BVerfG unter Berufung darauf tut, „daß nach der Ordnung des Grundgesetzes die freie menschliche Persönlichkeit der oberste Rechtswert ist" (BVerfG 13, 97 (104 f.) sowie schon zuvor das Apothekenurteil BVerfG 7, 377 (405); zustimmend Nipperdey, in: Die Grundrechte IV/2, 1962, S. 789 m. w. Nachw. — kritisch hingegen Ehmke, Prinzipien der Verfassungsinterpretation, VVDStRL 20 (1963) 52, 86 f.). Soweit das Gericht im folgenden vom „grundsätzlichen Vorrang des Freiheitsrechts" (BVerfG 13, 105) spricht, sollte seine Terminologie allerdings nicht übernommen werden. Denn die Grundrechtsnormen gelten, wie bereits betont, nicht in abstracto, und folglich gibt es auch keine abstrakt-absoluten Freiheits-„Rechte", von deren Vorrang man ausgehen könnte. Ob und inwieweit ein Grundrechtssatz für bestimmte Fälle gilt und ob und inwieweit damit Freiheits-„Rechte" zu bejahen sind, ist ja gerade erst durch eine Abwägung der Freiheitsinteressen und der sonstigen Interessen zu ermitteln! Man kann also allenfalls vom grundsätzlichen Vorrang der Freiheits-„Interessen" sprechen.

[22] Das gilt auch dann, wenn der Verfassungsgeber — was regelmäßig der Fall ist — den Geltungsbereich der einzelnen Grundrechtsnormen dadurch näher zu bestimmen sucht, daß er ihnen gewisse „Vorbehalte" anfügt. Denn *erstens* sind diese Vorbehalte oft nicht vollständig (s. Hamel, Bedeutung der Grundrechte, 1957, S. 50; eine aufschlußreiche Illustration am Beispiel des Art. 13 — „die Wohnung ist unverletzlich" — bei Eduard Kern, Schutz des Lebens, der Freiheit und des Heims, in: Die Grundrechte II, 1954, S 51 ff. Kern bezeichnet Art. 13, besonders seinen 3. Absatz, als „einen der am wenigsten geglückten Grundrechtsartikel des Grundgesetzes . . . Der Gesetzgeber hat

Betrachtet man die Grundrechtsnormen in dieser Weise, so erübrigt es sich, von („immanenten") „Schranken" oder „Grenzen" der Grundrechte zu sprechen. Die Frage lautet dann nicht mehr: Bestehen „immanente Schranken" („Grenzen") und wie sind diese zu bestimmen? Sondern vielmehr: Für welche konkreten Fälle gilt diese abstrakt gefaßte Grundrechtsnorm?[23]

Im Hinblick auf die bisher übliche Terminologie werden im folgenden die Ausdrücke „Grenzen" und „Begrenzung" der Grundrechte der Einfachheit halber teilweise gleichwohl beibehalten. Doch wird dadurch, daß diese Ausdrücke in Anführungszeichen gesetzt werden, laufend daran erinnert, daß es sich insoweit um eine Ausdrucksweise handelt, die in einem fragwürdigen Bilde den oben dargestellten Sachverhalt abgekürzt auszudrücken sucht.

Es erscheint ratsam, an dieser Stelle auf einige naheliegende Einwände einzugehen. So könnte man einwenden, die hier kritisierte räumlich-gegenständliche Betrachtungsweise der Grundrechte sei schon aus Gründen der Beweislastregelung durchaus berechtigt. Man müsse bestimmte Freiheitsbereiche zunächst einmal zum Sperrbezirk erklären, damit jeder, der hier eindringen wolle, die Beweislast dafür trage, daß ein solches Eindringen berechtigt sei. — Dieser Einwand ist jedoch nicht stichhaltig. Denn man kommt zu der gleichen Beweislastregelung, wenn man die Grundrechtsnormen als Hinweise für Interessenbewertungen versteht.[24] — Daß die Vorstellung von den Grundrechten als raumkörperhafter Gebilde bedenklich ist und auch durch pädagogische Erwägungen schwerlich gerechtfertigt werden kann, zeigt sich insbesondere darin, daß sie zu der — unhaltbaren — Unterscheidung zwischen *mehreren Arten* von Grundrechtsbegrenzungen und von Gesetzesvorbehalten geführt hat.[25]

---

hier bei seiner Aufzählung der zulässigen Eingriffe eine ganze Reihe der wichtigsten, aus dem Rechtsleben nicht wegzudenkenden Fälle übersehen" (a.a.O. S. 102 f.). Und *zweitens* ermächtigen die Gesetzesvorbehalte, wie noch zu zeigen sein wird, den Gesetzgeber keineswegs zu beliebigen Regelungen, sondern können ihrerseits nur gewisse Richtlinien geben (siehe hierzu näher unten IV 2 S. 50 ff.).

[23] Entsprechendes gilt über den Bereich der Grundrechte hinaus für alle sog. „subjektiven Rechte". Niemals ist nämlich in abstracto von „dem" „subjektiven Recht" auszugehen und dieses dann — „von außen" oder „von innen" — zu „begrenzen". Ausgangspunkt müssen vielmehr stets die einzelnen Rechtsnormen sein, deren jeweiligen Geltungsbereich es in der angegebenen Weise zu ermitteln gilt.

[24] Siehe die vorige Seite, besonders Anm. 21.

[25] Siehe hierzu unten III Anm. 91; IV Anm. 22, 26, 52. — Auch sonst führt jene Betrachtungsweise leicht zu gekünstelten Unterscheidungen. So erklärt uns etwa J. Maritain: „Selbst bei ‚unveräußerlichen' Rechten muß man zwischen Besitz und Ausübung unterscheiden, letztere ist den Bedingungen und Begrenzungen unterworfen, die in jedem Falle von der Justiz diktiert werden.

Aber wenden wir uns nun jener wichtigen Frage zu: Wie kann bestimmt werden, für welche konkreten Fälle die abstrakt gefaßten Grundrechtsnormen gelten? Oder, um die Frage in der bisher üblichen Terminologie zu formulieren: Wie können die „immanenten Schranken" („Grenzen") der Grundrechte ermittelt werden?

Diese Frage scheint dort gegenstandslos zu sein, wo eine Grundrechtsnorm (wie z. B. Art. 12 Abs. 1 GG) den allgemeinen Gesetzesvorbehalt enthält, und damit feststeht, daß der Gesetzgeber Regelungen treffen darf, die ein (grundsätzlich) geschütztes Freiheitsinteresse beeinträchtigen.[26] Die Frage tritt dafür aber um so deutlicher hervor, wenn ein Grundrecht ohne jeden ausdrücklichen Vorbehalt, also scheinbar „absolut", garantiert wird[27] oder aber nur unter bestimmten genau fixierten Vorbehalten steht.[28]

Wenn ein Verbrecher gerecht zum Tode verurteilt werden kann, so geschieht das, weil er sich selbst durch sein Verbrechen, nicht des Rechts auf Existenz, sondern der Möglichkeit, dieses Recht für sich in Anspruch nehmen zu dürfen, beraubt hat" (Maritain, in: Um die Erklärung der Menschenrechte, ein Symposion, 1951, unter dem Patronat der Unesco herausgegeben vom Europaverlag, Zürich—Wien—Konstanz, S. 19). — Der realistische Betrachter muß dem entgegenhalten: Das „Recht auf Leben" besagt, daß die öffentliche Gewalt das Lebensinteresse des einzelnen zu achten hat, also nicht verletzen darf. Dieser Satz gilt jedoch nicht ohne weiteres für den Fall, daß jemand einen anderen rechtswidrig und schuldhaft getötet hat.

[26] Das Apothekenurteil (BVerfG 7, 377) zeigt, daß dieser Anschein trügt. Denn die Frage stellt sich auch hier, freilich in veränderter Form. Während sie nämlich hinsichtlich „vorbehaltslos" garantierter Grundrechte lautet: „Wie weit reichen die Grundrechte?", lautet sie gegenüber einem dem Gesetzesvorbehalt unterstellten Grundrecht: „Wie weit reicht die gesetzliche Regelungsbefugnis?" Der Sache nach geht es hier wie dort um ein und dasselbe Problem (nämlich um die Frage nach dem Geltungsbereich der Grundrechtsnormen), das man im ersten Fall von dem Grundrecht ausgehend betrachtet, im zweiten Fall hingegen von dem gesetzlichen Regelungsvorbehalt her. Die „Unterschiedlichkeit" der Fragestellung erklärt sich aus der bisher offenbar nicht hinreichend beachteten systematischen Problematik im Grundrechtsteil, auf die noch näher einzugehen sein wird (s. unten S. 50 ff.).

[27] Vgl. Art. 4 Abs. 1 und 2; 5 Abs. 3; 8; 9 Abs. 3; 12 Abs. 3; 16 Abs. 2; 17.

[28] Anschaulich zeigt sich dies an der Verfassung der Vereinigten Staaten von Amerika. Hier hatte der U.S. Supreme Court die „vorbehaltslos" garantierten Einzelfreiheiten sachgemäß zu begrenzen. Siehe insoweit etwa das von Paul A. Freund u. a. herausgegebene Buch „Constitutional Law" Bd. 2 (1954); Karl Carstens, Grundgedanken der amerikanischen Verfassung und ihre Verwirklichung (1954) S. 156 ff., bes. 187 ff.; Karl Loewenstein, Verfassungslehre (1959) S. 340.

II. Der Lösungsversuch des Grundgesetzes

Das Problem läßt sich am Bonner Grundgesetz gut studieren. Bei den Vorberatungen war man sich wohl bewußt, daß die Freiheitsrechte nicht unumschränkt, sondern nur innerhalb gewisser „Grenzen" gelten können. Andererseits standen abschreckend die Erfahrungen der Vergangenheit vor Augen, in der zahlreiche Grundrechte auf Grund des allgemeinen Gesetzesvorbehalts vielfach so „ausgehöhlt" worden waren, daß sie praktisch „leer liefen". So bemühte man sich nun — wie auch bei anderen Problemen — um einen sachgerechten Ausgleich. Dieses Bestreben kam in Art. 21 Abs. 3 und 4 des Entwurfs vom Herrenchiemsee (1948) deutlich zum Ausdruck. Die Vorschrift bestimmte:[1]

(3) „Die Grundrechte sind, soweit sich aus ihrem Inhalt nichts anderes ergibt, im Rahmen der allgemeinen Rechtsordnung zu verstehen.

(4) Eine Einschränkung der Grundrechte ist nur durch Gesetz und unter der Voraussetzung zulässig, daß es die öffentliche Sicherheit, Sittlichkeit oder Gesundheit zwingend erfordert.

Die Einschränkung eines Grundrechtes oder die nähere Ausgestaltung durch Gesetz muß das Grundrecht als solches unangetastet lassen."

Aufschlußreich ist die Erläuterung, die der Vorsitzende des Grundsatzausschusses Dr. v. Mangoldt in der 6. Sitzung (am 7. 10. 1948) zu dieser Vorschrift des Entwurfes gab: „Wir haben immer in allen Artikeln gesagt: dieses Grundrecht steht im Rahmen der Gemeinschaftsinteressen, und zum Schutz dieser Gemeinschaftsinteressen ist nun in einer gewissen Konkretisierung die Möglichkeit gegeben, durch Gesetz in diese Freiheiten einzugreifen." Demgegenüber müsse nun zum Ausdruck gebracht werden, daß „diese Gesetzgebungsbefugnis niemals so weit gehen dürfe, daß sie das Grundrecht in seinem Bestand angreift".[2]

Aber diese (jetzt in Art. 19 Abs. 2 GG ausgesprochene) Begrenzung der gesetzlichen Regelungsbefugnis genügte noch nicht dem Bestreben, die Grundrechte möglichst weitgehend zu sichern. Deshalb strich man die im soeben zitierten Art. 21 Abs. 3 zunächst vorgesehene begrenzende Generalklausel zugunsten einer kasuistischen Regelung.[3] In der 8. Sit-

---

[1] JöR (Neue Folge) 1, S. 176 f.
[2] JöR (Neue Folge) 1, 177.
[3] Vgl. die Aufzählung bei v. Mangoldt-Klein, Das Bonner Grundgesetz, 2. Aufl. (1957) S. 120 f.; kritisch zu dieser Änderung etwa Dürig, AöR 79, 57 (59 ff.).

zung erklärte Dr. v. Mangoldt hierzu, der Grundsatzausschuß habe „diesen Satz von der Geltung der Grundrechte im Rahmen der allgemeinen Rechtsordnung von vornherein für gefährlich gehalten und sich daher bemüht, ihn bei der Formulierung der Einzelgrundrechte zu konkretisieren, so daß er als Generalklausel wegfallen könne. Ebenso sei Art. 21 IV S. 1 Ch. E. durch die Konkretisierung der einzelnen Grundrechte vorweggenommen und dadurch eine stärkere Sicherung der Grundrechte erreicht worden".[4]

Hatten die Väter des Grundgesetzes geglaubt, die behandelten Fragen auf diese Weise geklärt und gemeistert zu haben, so erwies sich diese Ansicht schnell als Illusion.

Schon bald entbrannte der bis heute nicht abgeschlossene Streit um die Frage, ob es neben den ausdrücklichen (Vorbehalts-)„Schranken", die bei den meisten Grundrechten statuiert worden sind, auch noch allgemeine „immanente" „Schranken" („Grenzen") gibt und wie diese gegebenenfalls zu bestimmen sind.

Daneben bildet die Frage, was unter dem in Art. 19 Abs. 2 gegen jede Antastung geschützten „Wesensgehalt" eines Grundrechts zu verstehen ist, bis heute eines der umstrittensten Probleme des Grundrechtsteils.

Im folgenden ist nun auf diese beiden Fragen einzugehen, bei denen es um e i n u n d d a s s e l b e Grundproblem geht: nämlich darum, den Geltungsbereich der einzelnen Grundrechtsnormen sachgerecht zu bestimmen und so einen optimalen Ausgleich zwischen der Freiheit des Einzelnen und sonstigen Interessen zu ermöglichen.[5]

---

[4] JöR 1, 176 f.

[5] Ein großer Teil der umfangreichen einschlägigen Literatur ist zusammengestellt bei Peter Häberle, Die Wesensgehaltgarantie des Art. 19 Abs. 2 Grundgesetz (1962) S. 239 ff.

III. Die „Grenzen" der Grundrechte

Daß keine Grundrechtsnorm unumschränkt gilt, daß also jedes Grundrecht gewisse „Grenzen" hat — mögen diese nun ausdrücklich genannt sein oder nicht —, darüber besteht heute grundsätzlich Einigkeit.[1]

Umstritten ist hingegen, wo diese „Grenzen" verlaufen und wie sie zu bestimmen sind. Wir erhalten insoweit eine ganze Reihe von Antworten.

So erklärt uns etwa Klein,[2] es bestünden drei Arten von allgemeinen „immanenten Schranken", nämlich erstens „sachlich immanente Gewährleistungsschranken", die sich aus dem „Begriff des gewährleisteten Objekts" (Glauben, Gewissen, Religion, Kunst, Wissenschaft, Lehre, Verein, Wohnung, Eigentum, Erbrecht usw.) ergeben;[3] zweitens „systematisch immanente Gewährleistungsschranken", die „aus dem System der Grundrechtsbestimmungen" folgen;[4] und drittens die aus dem

---

[1] Vgl. etwa v. Mangoldt-Klein (1957) S. 120; Maunz-Dürig, Grundgesetz-Kommentar (1960) Art. 2 I Rdnr. 69 (jeweils mit weiteren Angaben); Nipperdey, in: Die Grundrechte IV/2 (1962) 741 ff. (767).

[2] v. Mangoldt-Klein, S. 123 ff.

[3] Hierbei seien die fraglichen Begriffe „in aller Regel" aus sich selbst zu bestimmen. Doch komme auch der geistesgeschichtlichen Entwicklung des jeweiligen Grundrechts „einige Bedeutung" zu. Schließlich seien auch die positiven außerverfassungsrechtlichen Regelungen zu berücksichtigen, die mit den betreffenden Grundrechtsbestimmungen jeweils zusammenhängen (v. Mangoldt-Klein, S. 124).

[4] Hierbei geht es um folgendes: Bekanntlich hat sich das Grundgesetz nicht damit begnügt, die individuelle Freiheit durch eine Generalklausel zu schützen und deren Entfaltung der Rechtsprechung zu überlassen. Vielmehr hat es diese Entfaltung weitgehend selber durchgeführt, indem es dem Grundtatbestand des Art. 2 weitere Vorschriften anfügte, die die wichtigsten Erscheinungsformen der menschlichen Freiheit besonders aufzählen und für sie verschieden „abgestufte Gesetzesvorbehalte" (BVerfG 6, 32, 37) vorsehen (s. hierzu näher Nipperdey, in: Die Grundrechte IV/2, 1962, 758 ff.). Für die Frage nach den „Einschränkungsmöglichkeiten" eines Grundrechts ergeben sich hieraus (lt. Klein) Komplikationen. Es ist nämlich möglich, daß das Verhalten einer Person, die sich zur Rechtfertigung ihres Verhaltens auf ein bestimmtes Grundrecht beruft (z. B. auf ihre Glaubensfreiheit), zugleich unter dem Blickwinkel einer anderen Grundrechtsnorm zu betrachten ist. So berührt etwa die Durchführung einer Prozession nicht nur die Glaubensfreiheit (Art. 4 Abs. 1 und 2), sondern auch die Grundrechte der Versammlungsfreiheit (Art. 8) und der Freiheit der Person (Art. 2 II S. 2), die im Gegensatz zu Art. 4 unter ausdrücklichem Gesetzesvorbehalt stehen. Damit werden (nach Klein) die

Triasvorbehalt des Art. 2 Abs. 1 GG, den Klein als Generalvorbehalt deutet, resultierenden „allgemeinen Schranken" (Rechte anderer, verfassungsmäßige Ordnung, Sittengesetz).[5]

Dieser Triasvorbehalt ist regelmäßig Ansatzpunkt der Bemühungen, „allgemeine Schranken" zu gewinnen. Hierbei wird insbesondere um den Begriff „verfassungsmäßige Ordnung" gerungen.[6]

So lesen wir etwa bei Maunz von „allgemeinen, jedem Freiheitsrecht bereits von Verfassungs wegen innewohnenden immanenten Schranken, als welche Art. 2 Abs. 1 GG die Rechte anderer, die verfassungsmäßige Ordnung und das Sittengesetz nennt".[7] Unter „verfassungsmäßiger Ordnung" versteht Maunz hierbei „nicht nur die allgemeinsten tragenden Strukturprinzipien unseres Verfassungsrechts, zu denen insbesondere auch die sogenannte Sozialstaatsklausel des Art. 20 GG zu rechnen ist, sondern darüber hinaus die staatliche Grundordnung in ihren wesentlichen Rechtssätzen, mag sie sich nun aus den Verfassungs-

---

Vorbehalte dieser Grundrechtsnormen im vorliegenden Falle auch für Art. 4 bedeutsam. Von hier aus könnte z. B. die Durchführung einer Prozession wegen drohender Seuchengefahr untersagt werden. Nach Klein müßten es die Prozessionsteilnehmer von hier aus auch dulden, daß die Prozession für kurze Zeit zum Durchlaß des Verkehrs unterbrochen wird; sie könnten sich allerdings „dagegen wehren, daß die Prozession in ihren feierlichen Augenblicken (z. B. bei Erteilung des Segens) unterbrochen wird, weil dadurch der Wesensgehalt des Art. 4 Abs. 2 angetastet würde" (Klein, S. 180 a.a.O.). — M. E. ist fraglich, ob sich die Teilnehmer wirklich nur in einem derart extremen Falle wehren können. Warum sollte man ihnen nicht ein Recht auf ungestörte Durchführung der Prozession geben, sofern sich bei einer Güterabwägung im konkreten Falle zeigt, daß die Verkehrsinteressen eine Unterbrechung nicht so dringend erfordern, daß sie dem Interesse an störungsfreier Durchführung der Prozession überzuordnen sind? (Zu Recht kritisch gegenüber Klein äußert sich auch Lerche, Übermaß und Verfassungsrecht, 1961, S.127 ff.). Klein weist insoweit übrigens selbst auf die Notwendigkeit einer Güterabwägung hin: „Bei der Lösung einer solchen Kollision von Grundrechtsbestimmungen muß eine gewisse ‚Güterabwägung' dahin vorgenommen werden, ob etwa die (systematisch) einzuschränkende Grundrechtsbestimmung der anderen, gleichzeitig in Anspruch genommenen, ihrem Inhalt nach ... derart vorgeht, daß sich eine solche Einschränkung verbietet. Unter Umständen wird dann die andere, gleichzeitig in Anspruch genommene Grundrechtsbestimmung erweitert" (Klein, S. 125).

[5] Klein rechtfertigt diese Deutung rein „teleologisch": Gewisse Einschränkungen seien auch bei Freiheitsrechten ohne besonderen Gesetzesvorbehalt nötig und in einem „sinnvollen System der Grundrechtsschranken" könnten sie „nicht anders als durch die Entwicklung des Halbsatzes 2 zu einem allgemeinen Gemeinschaftsvorbehalt" begründet werden. Diese Lösung sei jedenfalls „annehmbarer als die bisher verbreitete Methode, die notwendigen Einschränkungen der Freiheitsrechtsbestimmungen in unklarer Wort-, Begriffs- und Systembildung aus von jeher den Grundrechten als immanent oder inhärent gedachten Schranken abzuleiten" (S. 177 a.a.O.).

[6] S. insoweit die Angaben bei Nipperdey, in: Die Grundrechte IV/2 (1962) 741 ff. (803 f., 809 ff.).

[7] Maunz, Deutsches Staatsrecht, 13. Aufl. (1964) S. 100.

sätzen des GG selbst oder aus geschriebenen oder ungeschriebenen Rechtssätzen außerhalb des Grundgesetzes ergeben".[8]

Nipperdey versteht unter dem Begriff die „maßgebenden Grundprinzipien der Verfassung" und zählt zu diesen — insoweit E. R. Huber folgend[9] — den früher in Art. 151 Weimarer Verfassung umschriebenen Grundsatz, „daß gesetzliche Beschränkungen der Einzelfreiheitsrechte statthaft sind, soweit überragende Forderungen des Gemeinwohls eine solche Beschränkung unabdingbar verlangen".[10]

In dem Bemühen, den Begriff stärker zu präzisieren, vertritt Dürig die Auffassung, er umfasse die „öffentliche Ordung und Sicherheit" im Sinne des Polizeirechts.[11]

Demgegenüber will Herbert Krüger unter „verfassungsmäßiger Ordnung" allein „sämtliche geschriebenen und ungeschriebenen Existenzelemente" des „Staates" verstanden wissen.[12]

Auf den ersten Blick mögen diese sich befehdenden Ansichten unvereinbar erscheinen. Bei näherer Betrachtung zeigt sich jedoch, daß praktisch gesehen keine eigentlichen Unterschiede zwischen ihnen bestehen.[13]

Sämtliche Theorien bemühen sich um eine Antwort auf die Frage: „Für welche Fälle gelten die abstrakt gefaßten Grundrechtsnormen?"

Will man auf diese allgemeine Frage mit einer allgemeinen Formel antworten, so kann diese nur lauten: „Jede Grundrechtsnorm gilt nur,

---

[8] Maunz, a.a.O. S. 103.

[9] E. R. Huber, Wirtschaftsverwaltungsrecht, Bd. 1, 2. Aufl. (1953) S. 663; ders., Der Streit um das Wirtschaftsverfassungsrecht, DÖV 1956, 135 (136).

[10] Enneccerus-Nipperdey, Allgem. Teil des bürgerl. Rechts, 15. Aufl., 1. Halbband (1959) S. 101; ders., in: Die Grundrechte IV/2 (1962) 741 ff. (804 ff., 813).

[11] Dürig, Art. 2 des Grundgesetzes und die Generalermächtigung zu allgemeinpolizeilichen Maßnahmen, AöR 79, 57 (74 f.); sowie in Maunz-Dürig, Art. 2 Abs. 1 Rdnr. 81. Gegenüber dem naheliegenden Einwand, der Rückgriff auf diese „Kautschukbestimmung" (Drews-Wacke, Allgem. Polizeirecht, 7. Aufl. 1961, S. 66) führe nicht weiter, betont Dürig, die polizeiliche Generalklausel sei heute auf Grund einer langen Entwicklung ähnlich präzisiert wie etwa § 242 BGB; im übrigen gelte es „sorgsam gegen Ausweitungen" abzusichern (Art. 2 I Rdnr. 84).

[12] Herbert Krüger, Neues zur Freiheit der Persönlichkeitsentfaltung und deren Schranken, NJW 1955, 201 (204).

[13] So ist bezeichnend, daß Herbert Krüger, nachdem er die Ansichten von Huber („Gemeinwohlklausel") und Dürig („Nichtstörungsklausel") energisch abgelehnt hat, sogleich über die „Existenzklausel" die (auch von ihm als nötig anerkannte) allgemeine Begrenzung der Grundrechte erreicht. Seine Ansicht, er habe damit an die Stelle des (von ihm abgelehnten) „Blankettbegriffs" der „immanenten Schranken" einen „ausgefüllten", vom Gesetzgeber „lediglich anzuwendenden" Begriff gesetzt, der sich im Gegensatze zu den eine „Blankovollmacht an den Gesetzgeber" darstellenden „immanenten Schranken" als eine „echte Bindung" erweise (NJW 1955, 204), dürfte kaum haltbar sein (vgl. Nipperdey, in: Die Grundrechte IV/2, 1962, S. 741 ff., 810).

wenn und soweit dem geschützten Freiheitsinteresse keine höherwertigen Interessen (Rechtsgüter) entgegenstehen." Oder, um dasselbe in der
bisher üblichen Terminologie auszudrücken: „Jedes Grundrecht findet
seine natürliche (immanente) ‚Grenze' an höherwertigen Interessen
(Rechtsgütern)".[14]

[Hierauf haben insbesondere Rudolf Smend und Erich Kaufmann
hingewiesen. Smend hat 1927 in einem Referat über „Das Recht der
freien Meinungsäußerung"[15] zu dem in Art. 118 WV gebrauchten, umstrittenen Begriff der „allgemeinen Gesetze"[16] ausgeführt: „Hier aber
handelt es sich um die Aufnahme und abgekürzte Inbezugnahme eines
alten sachlichen Gedankens aus dem überlieferten Gedankenkreise der
Grundrechte. Seit den Menschenrechten ist eine derartige ‚allgemeine'
Schranke der Grundrechtsausübung stets anerkannt und nur immer von
neuem anders formuliert; die Allgemeinheit, um die es sich dabei handelt, ist aber selbstverständlich die materiale Allgemeinheit der Auf-
klärung: die Werte der Gesellschaft, die öffentliche Ordnung und Sicherheit, die konkurrierenden Freiheiten und Rechte der anderen[17] — Sittlichkeit, öffentliche Ordnung, Staatssicherheit[18] —, an ihnen haben die
Grundrechte ihre Schranke, deren Ziehung im einzelnen die Aufgabe
ausführender Gesetze ist. Das ist auch die Allgemeinheit des Art. 118:
die Allgemeinheit derjenigen Gemeinschaftswerte, die als solche den
ursprünglich individualistisch gedachten Grundrechtsbetätigungen
gegenüber den Vorrang haben, so daß ihre Verletzung eine Überschrei-
tung, ein Mißbrauch des Grundrechts ist ... ‚Allgemeine' Gesetze im

---

[14] Zur Terminologie sei bemerkt, daß die Begriffe „Interesse" und „Rechtsgut" hier synonym gebraucht werden. (Vgl. G. Boehmer, Grundlagen II, 1
S. 195, der die Interessen als „wertbetonte und schutzwürdige Lebensgüter"
bestimmt.) Auch das BVerfG macht keinen Unterschied zwischen „Interesse"
und „Rechtsgut". Im Lüthurteil (BVerfG 7, 207, 210) spricht es in einem Atemzug von „Güterabwägung" und von „Interessen", im Apothenurteil (BVerfG 7,
377, 405) von „Abwägung der ... Interessen" und „Schutz von Gütern". Unter
„Interessen" versteht also auch das BVerfG nicht einfach subjektive Begeh-
rungen, sondern objektive Rechtsgüter. Es ist deshalb nicht berechtigt, wenn
Bettermann (JZ 1964, 601 f.) unter Verweis auf das Lüthurteil dem BVerfG
vorwirft, es treibe „Kasuistik und Fallentscheidung an Stelle von Verfassungsinterpretation" und anfügt: „Statt objektiver Rechtsgüter wägt es subjektive Interessen gegeneinander ab, ersetzt also die Smendsche Güterabwägung durch eine Interessenabwägung nach zivilrechtlichem Muster. Damit
biegt es das Allgemeine ins Individuelle und letztlich Private um..."
[15] VVDStRL 4 (1928) S. 44 ff.
[16] „Jeder Deutsche hat das Recht, innerhalb der Schranken der *allgemeinen
Gesetze* seine Meinung ... frei zu äußern." Entsprechend bestimmt nun Art. 5
Abs. 2 GG für die Meinungs- und Pressefreiheit: „Diese Rechte finden ihre
Schranken in den Vorschriften der *allgemeinen Gesetze* ..."
[17] Art. 4, 5, 10, 11 der Menschenrechte, Tit. 1 Art. 5 der französischen Verfassung von 1791.
[18] Schweizerische Bundesverfassung 1874 Art. 50, 56.

Sinne des Art. 118 sind also Gesetze, die deshalb den Vorrang von Art. 118 haben, weil das von ihnen geschützte gesellschaftliche Gut wichtiger ist als die Meinungsfreiheit."[19] Kaufmann hat in seinem anschließenden Diskussionsbeitrag[20] dieser Deutung des Art. 118 WV und den grundsätzlichen Erwägungen Smends zugestimmt: „In derselben Weise, wie die Unverletzlichkeit des Eigentums unter den Einschränkungen und, um mit Smend zu sprechen, dem sachlichen Vorrange und Vorbehalte des Gemeinschaftsgedankens steht, bedeutet der der Freiheit der Meinungsäußerung in Artikel 118 hinzugefügte Hinweis auf die ‚allgemeinen' Gesetze, daß das Recht der freien Meinungsäußerung nur gilt, insofern sich nicht aus der übergeordneten Idee der Gemeinschaft Grenzen und Schranken, Vorbehalte und ein Vorrang ergeben."[21]

Allerdings hat die Ansicht von Smend nicht nur Zustimmung, sondern auch Widerspruch gefunden. So hat etwa Carl Schmitt geltend gemacht, die von Smend vertretene Interessenabwägung könne „den absoluten Wert des Gutes der freien Meinungsäußerung leicht relativieren". Das entspreche nicht mehr der Vorstellung des fundamentalen Verteilungsprinzips. „Ein Freiheitsrecht ist kein Recht oder Gut, das mit anderen Gütern in eine Interessenabwägung treten könnte. Es gibt für das Prinzip der Grundrechte nichts Wichtigeres als diese Freiheit und die Frage ist nur, den Maßstab zu finden, um staatliche Eingriffe, Gesetze wie Verwaltungsakte zu begrenzen, meßbar und dadurch kontrollierbar zu machen.[22] — Jedoch ist es Carl Schmitt nicht gelungen, an Stelle der Güterabwägung einen anderen „Maßstab" zu finden. Das nimmt auch nicht weiter wunder. Ist doch sein Ausgangspunkt verfehlt: Man kann nicht von isolierten absoluten Freiheits-„Rechten" ausgehen.[23] Diese Einsicht hat sich inzwischen zunehmend durchgesetzt.[24]

---

[19] VVDStRL 4, 51.

[20] VVDStRL 4, 77 ff.

[21] VVDStRL 4, 81. Zustimmend ferner Koellreuter (VVDStRL 4, 76) und Triepel (VVDStRL 4, 89).

[22] Carl Schmitt, Verfassungslehre (1928), 3. unveränderte Aufl. 1957, S. 167.

[23] „Die Grundrechte stellen, auch wenn man ihr naturrechtliches und vorgesetzliches Fundament ... nachdrücklich betonen möchte, keine absoluten Rechte dar. Jedes individuelle Grundrecht ist in das Ganze der Verfassungsordnung eingefügt und empfängt von dessen Grundprinzipien — hier ist namentlich auf den Grundsatz des sozialen Rechtsstaates zu verweisen — her gewisse Begrenzungen. Die Vorstellung einer grundsätzlich schrankenlosen Gewährung einer Freiheit, die nur durch positive Ausnahmen durchbrochen wird, entspricht nicht dem Wesen der grundrechtlichen Verbürgung" (Scheuner, Grundrechtsinterpretation und Wirtschaftsordnung, DÖV 1956, 65, 69). — Siehe im übrigen oben S. 6 ff.

[24] Siehe etwa W. Hamel, Die Bedeutung der Grundrechte im sozialen Rechtsstaat (1957) S. 38 ff., bes. 41 ff.; H.-U. Gallwas, Der Mißbrauch von Grundrechten (Diss. München 1962) S. 39 ff., 49; P. Häberle, Wesensgehaltgarantie (1962), insbes. S. 31 ff.; vgl. auch Nipperdey, in: Die Grundrechte IV/2 (1962) 741 ff. (788). — Allerdings lehnt ein Teil der Lehre die Güterabwägung als

Daß man, um den Geltungsbereich der einzelnen Grundrechtsnormen zu bestimmen, nicht auf den Gedanken der Güterabwägung verzichten kann, macht auch die Stellungnahme von Häntzschel deutlich, der seinerzeit der Ansicht von Smend entgegengetreten ist.[25] Häntzschel räumte zwar ein, Smends Ansicht komme „der Wahrheit schon sehr nahe". Der Kerngedanke Smends, daß es auf die Wertrelation der verschiedenen einander widerstreitenden Interessen ankomme, sei zutreffend, „jedoch mit dem Unterschiede, daß ihre Findung vom Verfassungsgesetzgeber nicht dem freien Ermessen überlassen ist, sondern daß die Verfassung selbst hierfür eine klare Linie vorschreibt". Häntzschel führte dann aus: Das Geistige solle nicht um seiner rein geistigen Wirkung willen unterdrückt werden. Doch solle eine über das „rein Geistige hinausgehende" Handlung, die aus „sonstigen Gründen"[26] verboten sei, auch nicht deshalb erlaubt sein, weil sie zugleich eine Meinungsäußerung darstelle. Unzulässig seien also nur Rechtsnormen, die als „Sonderrecht" eine an sich erlaubte Handlung „allein wegen ihrer geistigen Zielrichtung und der dadurch hervorgerufenen schädlichen geistigen Wirkung verbieten oder beschränken".[27] Die Interessenabwägung zwischen dem Rechtsgut der freien Meinungsäußerung und anderen Rechtsgütern erfolge also nicht so, daß bestimmte gesellschaftliche Werte für wichtiger als die Meinungsfreiheit erklärt würden, während andere Rechtsgüter als minder wichtig hinter ihr zurückzutreten hätten, vielmehr in der Weise, „daß die Freiheit der Meinungsäußerung vor allen Rechtsgütern solange den Vorrang hat, als der Angriff auf sie lediglich mit dem ideellen Mittel sachlicher Überzeugung geschieht, daß aber umgekehrt jedes Rechtsgut seinerseits vor der Freiheit der Meinungsäußerung den Vorrang hat, sobald die Meinungsäußerung sich nicht auf ideelle Wirkungen beschränkt, sondern gleichzeitig auch materielle

---

Methode, den Geltungsbereich der Grundrechtsnormen zu ermitteln, immer noch ab, da sie die Grundrechte gefährde — vgl. insoweit etwa W. Leisner, Grundrechte und Privatrecht (1960) S. 371 f., 391, 393 f.; P. Lerche, Übermaß und Verfassungsrecht (1961) S. 129, 292 ff.

[25] Häntzschel, Das Recht der freien Meinungsäußerung, in: HDStR II (1932) S. 651 ff. (659).

[26] „D. h. auf Grund von Rechtsnormen, die ohne Rücksicht auf die geistige Zielrichtung einer bestimmten Meinung allgemein gelten..."

[27] Ebenso schon Häntzschel, AöR 50 (1926) S. 228 ff. (232) — zustimmend Rothenbücher, VVDStRL 4 (1928) S. 6 ff.; Anschütz, VVDStRL 4, 75; Thoma, VVDStRL 4, 85; RG JW 1930, 2139 f. (Urteil des 4. Strafsenats vom 24. 5. 1930). Zustimmend nun auch Ridder, Meinungsfreiheit, in: Die Grundrechte II (1954) S. 243 ff. (282 — obwohl Ridder auf S. 281 einräumt, daß Smends Ansicht zu klaren Abgrenzungen führe) sowie Bettermann, Die allg. Gesetze als Schranken der Pressefreiheit, JZ 1964, 601 ff. (603). Wenn Bettermann meint, die „Schrankengestaltung" des Art. 5 II GG könne „nur als Absage an Smend verstanden werden", so überschätzt er die Umsicht des Verfassungsgebers und überwertet eine Formulierung zu Lasten funktioneller Zusammenhänge.

Rechtsgüter verletzt oder unmittelbar gefährdet".[28] Aber darin, daß Häntzschel hier in einem Atemzug einmal auf die *Art* der Meinungsäußerung abstellt (soll doch die Freiheit der Meinungsäußerung allen anderen Rechtsgütern solange vorgehen, als der Angriff auf diese lediglich mit dem *ideellen Mittel sachlicher Überzeugung* geschieht), zum anderen auf ihre *Wirkung* (sobald sich die Meinungsäußerung nicht auf „ideelle Wirkungen" beschränkt, soll jedes (!) verletzte oder unmittelbar gefährdete Rechtsgut vor ihr den Vorrang haben), liegt ein Widerspruch.[29] Und wie soll man im übrigen bestimmen, ob eine Meinungsäußerung nur „ideelle" oder darüber hinaus auch „materielle" Wirkungen hat? Eine überzeugende Abgrenzung zwischen zulässiger und unzulässiger Meinungsäußerung ist Häntzschel also nicht möglich.[30] Eine solche Abgrenzung läßt sich nur mit Hilfe der schon von Smend befürworteten Güterabwägung erreichen. Tatsächlich hat denn auch bereits Häntzschel selbst, wie die von ihm angeführten Beispiele zeigen, die Abgrenzung praktisch mit Hilfe einer Güterabwägung vorgenommen.[31] Und das Bundesverfassungsgericht, das im Lüthurteil von der Ansicht Häntzschels als auch für Art. 5 GG zutreffend ausging,[32] hat doch als-

[28] HDStR II (1932) S. 661.

[29] Stellt man allein auf die *Art* der Meinungsäußerung ab, so wäre es z. B. unzulässig, gegen jemand vorzugehen, der nur mit dem „ideellen Mittel sachlicher Überzeugung" für den Umsturz der bestehenden Ordnung eintritt. Stellt man hingegen auf die *Wirkungen* der Meinungsäußerung ab, so ist ein Einschreiten bei unmittelbarer Gefährdung der öffentlichen Sicherheit und Ordnung möglich.

[30] Schon Jellinek hat den Lösungsversuch Rothenbüchers (VVDStRL 4, 6 ff.), der Häntzschel folgte, als „zu wenig brauchbar" bezeichnet und die Frage gestellt: „Wie soll man z. B. die bloße Meinungsäußerung, ein Bombenanschlag sei etwas Rühmliches, von dessen strafbarer Verherrlichung unterscheiden, die Meinungsäußerung, jemand sei ein Narr, von einer strafbaren Beleidigung?" (VVDStRL 4, 83).

[31] Vgl. HDStR II (1932) S. 660 ff. So bemerkt Häntzschel (a.a.O. S. 661) zu den „Tendenzklauseln" des Lichtspielgesetzes und des Gesetzes gegen Schmutz und Schund, nach denen Filme oder Druckschriften nicht wegen ihrer politischen, sozialen, religiösen, ethischen oder Weltanschauungstendenz *als solcher* unterdrückt werden dürfen: „Auch diese Tendenzklauseln sagen nichts anderes, als daß eine Meinungsäußerung wegen ihrer geistigen Zielrichtung und der dadurch verursachten rein *geistigen* Wirkungen (Ärgerniserregung bei Andersdenkenden wegen Nichtübereinstimmung mit bisher anerkannten Wahrheiten oder gesetzlich festgelegten Rechtszuständen) nicht unterdrückt werden darf, sondern erst dann, wenn außer der funktionell zu jeder Meinungsäußerung gehörigen Wirkungsmöglichkeit durch Form oder Umstände noch etwas hinzukommt, was die Meinungsäußerung zu einer Willenshandlung stempelt, die *in einer mit den allgemeinen Normen des Gemeinschaftslebens nicht vereinbaren Weise* unmittelbar in den Ablauf der Geschehnisse eingreift *und dadurch nicht mehr ideell, sondern auch materiell wirkt.*" (Letzte Hervorhebungen durch den Verf.)

[32] BVerfG 7, 198 (209 f.).

bald offen von dem Erfordernis einer „Güterabwägung" zwischen Meinungsfreiheit und sonstigen schutzwürdigen Interessen gesprochen.[33]]

Der oben genannte elementare Satz[34] ist eine dem Rechtssystem immanente Norm von überpositiver Richtigkeit[35], die über den Bereich der Grundrechte hinaus für die gesamte Rechtsordnung gilt[36] und die sich, auch wenn man sie zeitweilig nicht erkennt oder anerkennt, letztlich immer wieder zwangsläufig durchsetzen wird.

Das läßt sich nicht nur an Hand der Rechtsprechung zu den Grundrechten und ihren „Grenzen" nachweisen[37] — und zwar etwa auch für

---

[33] Es hat insoweit zu Recht weithin Zustimmung gefunden. (Vgl. zuletzt Jescheck, Pressefreiheit und militärisches Staatsgeheimnis, 1964, S. 11 mit weiteren Nachweisen). Ablehnend allerdings Bettermann, JZ 1964, 601.

[34] „Jede Grundrechtsnorm gilt nur, wenn und soweit dem geschützten Freiheitsinteresse keine höherwertigen Interessen (Rechtsgüter) entgegenstehen."

[35] So weist etwa Erich Kaufmann auf „vielfach ungeschriebene Schranken" der Freiheitsrechte hin, „die sich teils aus besonderen Gewaltverhältnissen, teils aus dem auch für sie geltenden Verbot des Mißbrauchs ergeben" (Die Grenzen der Verfassungsgerichtsbarkeit, VVDStRL 9, 1952, S. 15; jetzt auch abgedruckt in Gesammelte Schriften I, 1960, S. 500, 513). Vgl. ferner etwa Raiser, Rechtsschutz und Institutionenschutz im Privatrecht, in: „Summum Ius, Summa Iniuria" (1963) S. 145 ff.; Raiser, der die „Innenschranken der Privatautonomie" über ein „Mißbrauchsverbot" bestimmt, betont, daß dieses „als allgemeines Rechtsprinzip gilt und daher keiner ausdrücklichen gesetzlichen Stütze bedarf; die Rechtsordnung gäbe sich selbst auf, wenn sie die einzelnen Subjekte ermächtigte, sich über das Recht hinwegzusetzen und die Privatautonomie zu schutzunwürdigen Zwecken zu mißbrauchen" (S. 163 Anm. 44; vgl. auch S. 167 daselbst). Deshalb ist es nicht nötig, nach einem „Verfassungsvorbehalt zur Interpretation immanenter Grundrechtsschranken" zu suchen und diesen aus dem „Soweit"-Satz des Art. 2 I abzuleiten, wie dies Maunz (Deutsches Staatsrecht, 13. Aufl. 1964, S. 100) und ihm folgend Dürig tun (Maunz-Dürig, Art. 2 I Rdnr. 72 a. E.).

[36] Vgl. etwa Soergel-Siebert, Bürgerliches Gesetzbuch, 1. Band (1959) Ziff. 20 vor § 226, S. 757: „Jedes Recht geht seinem Inhalt nach nur so weit, wie es die guten Sitten und Treu und Glauben gestatten."

[37] Zur Rechtsprechung des RG s. insoweit Hensel, Grundrechte und Rechtsprechung, in: Die Reichsgerichtspraxis im deutschen Rechtsleben, Band 1 (1929) S. 1 ff. (S. 15 ff.). Zur Rechtsprechung seit dem Bonner Grundgesetz s. Willi Geiger, Grundrechte und Rechtsprechung (1959). Vgl. etwa BGH 12, 197 („Grenze" der Meinungsfreiheit); BGH 13, 334 (338) und 24, 72 (79 f.) (betr. die „Abgrenzung" des aus Art. 1 und 2 GG abgeleiteten allg. Persönlichkeitsrechts, „für die das Prinzip der Güter- und Interessenabwägung maßgebend sein muß ... Je nach Gestaltung der Dinge kann die Reichweite des Persönlichkeitsrechts durchaus verschieden sein."); BVerwG 1, 48 (52); 2, 295 u. a. bis 2, 125 (139) („Begrenzung" sämtlicher Freiheitsrechte durch die sogenannte „Gemeinschaftsklausel": nach dieser darf ein Grundrecht dann nicht in Anspruch genommen werden, „wenn dadurch die für den Bestand der Gemeinschaft notwendigen Rechtsgüter gefährdet werden". — Das Gericht verkennt hierbei allerdings das Verhältnis dieser Klausel zu Art. 19 Abs. 2 GG; vgl. hierzu unten IV. Anm. 1). Vgl. ferner etwa BVerfG 7, 198 (Lüth-Urteil) und 7, 230 (Abgrenzung der Meinungsfreiheit gegenüber sonstigen Interessen). Schließlich ist in diesem Zusammenhang auch auf das bekannte Apothekenurteil des Bundesverfassungsgerichts (BVerfG 7, 377) hinzuweisen. Diese Entscheidung

die Vereinigten Staaten[38] —, sondern wird auch deutlich, wenn man Entstehungsgeschichte und Entwicklung des § 904 BGB betrachtet.[39]

Freilich bedeutet jener elementare Satz, auf den sowohl die „Gemeinwohlklausel" (Huber, Nipperdey) als auch die „Gemeinschaftsklausel" (BVerwG) hinausläuft, noch keine Lösung der Probleme — ist dieser Satz doch völlig formal.[40] In jedem Konfliktsfall stellt sich ja sofort die Frage: Welches von den kollidierenden Interessen ist gegen-

---

hat mit den Grundrechts-„Grenzen" zwar scheinbar nichts zu tun. Denn das BVerfG prüft dort ja nur, welche Grenzen für die gesetzliche Regelungsbefugnis der Berufsfreiheit (Art. 12 GG) bestehen. Praktisch behandelt das Gericht damit aber — von einem anderen Ausganspunkt her — die gleiche Frage, um die es auch bei den Grundrechts-„Grenzen" geht, nämlich die Frage nach dem *Geltungsbereich* der Grundrechtsnormen (vgl. hierzu oben I. Anm. 26). Bekanntlich hat das BVerfG (7, 404 ff.) versucht, diese Frage mit Hilfe des Prinzips der Güterabwägung und der Verhältnismäßigkeit zu lösen. Das Ergebnis sind die „Stufentheorie" und das „Differenzierungsgebot". Das Gericht hätte das gleiche Ergebnis auch auf einem anderen, direkteren Wege erreichen können: nämlich wenn es die Freiheit der Berufswahl nicht dem Gesetzesvorbehalt des Art. 12 I unterstellt, sondern sie statt dessen als Grundrecht ohne Gesetzesvorbehalt aufgefaßt hätte (vgl. Nipperdey, in: Die Grundrechte IV/2, 1962, S. 813). Dann wäre es genötigt gewesen, jenen obengenannten elementaren Satz, der dem Apothekenurteil praktisch zu Grunde liegt, auch theoretisch stärker herauszuarbeiten.

[38] Siehe oben I. Anm. 28.

[39] „In der zweiten BGB-Kommission beschloß die Mehrheit, die ‚rechtmäßige' Notstandshandlung ‚auf Sachgüter zu beschränken', während ‚gegen den Angriff eines Anderen auf Leib, Leben, Ehre und Freiheit unter allen Umständen Notwehr stattfinden müsse' (Mugdan, Materialien, Bd. 1, S. 804). Man verwarf damit ‚allseitig' den von einem Antragsteller vertretenen Gedanken, ‚ein jedes Recht trage schon in sich selbst die Beschränkung, daß es nur insoweit ausgeübt und verteidigt werden dürfe, als es nicht mit einem anderen, höher zu wertenden Rechtsgute in Widerspruch treten würde, hinter dem es nach dem allgemeinen Urteil zurückstehen müsse' (a.a.O.). Die unausweichliche, naturrechtliche Richtigkeit dieses Gedankens erwies aber über die Folgezeit, indem sie jenes Stück legalisierten Liberalismus zugunsten des ‚Grundsatzes der Güter- und Pflichtenabwägung' einfach beiseite schob. Von hier aus verkündete das RG selbst neben aller ‚geschriebenen' Rechtsordnung einen ‚übergesetzlichen' Notstand dahin, daß im Falle des Widerstreits von Pflichten oder Rechtsgütern, sei ‚die höhere Pflicht auf Kosten der minder hohen zu erfüllen ist' und ‚das geringerwertigere Gut dem höherwertigen weichen muß' (RG v. 11. März 1927, RGSt. 61, S. 242 f., 254)" (Fritz v. Hippel, Richtlinie und Kasuistik im Aufbau von Rechtsordnungen, 1942, S. 22, Anm. 23; jetzt auch abgedruckt in v. Hippel, Rechtstheorie und Rechtsdogmatik (1964) S. 149 ff. (167). Vgl. auch E. Kaufmanns Hinweis, die Rechtsnorm, auf der das Notrecht beruhe, sei „keine im formellen Sinne ‚gesetzliche', sondern von der Gerichts- und Verwaltungspraxis aus der ‚Natur der Sache' entwickelt." (Gesammelte Schriften Bd. 1, 1960, S. 459). — Im übrigen ist die somit gegebene „Relativität" der Rechte insbes. im Zusammenhang mit der Lehre vom „Rechtsmißbrauch" betont worden: vgl. etwa Josserand, De l'esprit des droits et de leur relativité, Théorie dite de l'abus des droits (1927); Wolfgang Siebert, Vom Wesen des Rechtsmißbrauchs (1935) S. 18 (mit z. T. freilich zeitbedingten Formulierungen). Soergel-Siebert, BGB (9. Aufl. 1959) § 242 Ziff. 110 ff.

[40] Hierauf ist wiederholt hingewiesen worden. „Es liegt nicht mehr als eine Leerformel vor, deren Gehaltlosigkeit geradezu Voraussetzung für ihre generelle Geltung ist. Eine wirklich hilfreiche Auslegungsregel ist damit nicht

über dem (oder den) anderen als höherwertig anzusehen? Eine Antwort auf diese Frage, die eigentliche „crux" des ganzen Problems, kann kein formaler Satz geben. Eine Antwort kann nur auf Grund einer Bewertung der jeweiligen Interessen gefunden werden. Eine solche Bewertung setzt Wertmaßstäbe voraus. Um diese zu gewinnen, muß man eine Rangfolge der verschiedenen Interessen aufzeigen.[40a]

Das versuchen nun die (oben S. 23 ff.) dargestellten Theorien, die auf den Triasvorbehalt des Art. 2 I (Rechte anderer, verfassungsmäßige Ordnung und Sittengesetz) zurückgreifen. Nach Ansicht dieser Theorien kennzeichnen die in Art. 2 I gebrauchten Begriffe diejenigen Interessen, die gegenüber den (in den einzelnen Grundrechtsnormen genannten) Freiheitsinteressen den Vorrang haben.[41]

Diese Ansicht muß jedoch in Frage gestellt werden. Denn jene Begriffe haben keinen eindeutigen, ohne weiteres ablesbaren Inhalt. Das gilt insbesondere für den Begriff „verfassungsmäßige Ordnung", der nach wie vor höchst umstritten ist[42] — wobei das Elfesurteil (BVerfG 6,

---

gegeben. Es wird vom Gesetzgeber auf den Richter verwiesen, der nun nach seinem Ermessen die Leerformel praktikabel zu machen versucht; nach welchen Richtlinien dies aber zu geschehen habe, wird ihm nicht gesagt. Das Problem ist also verlagert und beschrieben, aber nicht gelöst" (von Pestalozza, Kritische Bemerkungen zu Methoden und Prinzipien der Grundrechtsauslegung in der Bundesrepublik Deutschland, Der Staat 2 (1963) S. 448 unter Verweis auf Forsthoff (C. Schmitt-Festschrift, 1959, S. 41), Ernst von Hippel (Das Problem des fehlerhaften Staatsaktes, 2. Aufl. 1960, S. 140 ff.) und Zippelius, Wertungsprobleme im System der Grundrechte, 1962, S. 77).

[40a] Die Bestimmung der insoweit erforderlichen „Wertskala" bezeichnet J. Maritain im Hinblick auf eine internationale Erklärung der Menschenrechte als den „entscheidenden Punkt, an dem die Schwierigkeiten und Auseinandersetzungen einsetzen." Er weist darauf hin, daß die Verfechter verschiedenster Gesellschaftsordnungen — der liberalen, der kommunistischen, der genossenschaftlichen — „ähnliche, ja sogar gleiche Aufstellungen der Menschenrechte zu Papier bringen." Aber, wie er sogleich anschließend feststellt, „in der Anwendung dieser Rechte weichen sie voneinander ab. Alles hängt von dem höchsten Wert ab, von dem alle diese Rechte abhängen, wenn sie unter gegenseitiger Abgrenzung in ein System gebracht werden sollen." Und da die Ansichten über jenen höchsten Wert weit auseinander gingen, dürften wir uns „nicht allzuviel von einer internationalen Erklärung der Menschenrechte versprechen" (Maritain, in: Um die Erklärung der Menschenrechte, ein Symposion, 1951, S. 20 ff.).

[41] „Der ‚Soweit'-Satz liefert in diesen Fällen *Auslegungsmaßstäbe* für Gemeinschaftswerte, die von der Verfassung als Bindungen der individuellen Freiheit vorausgesetzt werden" (Maunz-Dürig, Art. 2 I Rdnr. 4).

[42] Siehe etwa Maunz-Dürig, Art. 2 I Rdnr. 17; Nipperdey, in: Die Grundrechte IV/2 (1962) S. 741 ff. (788 ff.). Der umstrittene Begriff gewinnt auch nicht dadurch einen leichter faßbaren Inhalt, daß man auf die „Sozialstaatsklausel" (Art. 20, 28) verweist. „Denn auch die Schranken des Art. 2 I sind Konkretisierungen des Sozialstaatsprinzips" (Bachof, Freiheit des Berufs, in: Die Grundrechte, III/1, 1958, S. 167, Anm. 47). Der Verweis auf die Sozialstaatsklausel ist hier im Grunde also nicht mehr als ein Appell, einen sachgerechten Ausgleich zwischen individueller Freiheit und den Interessen der Allgemeinheit zu suchen.

32) die Lage noch kompliziert hat[43] —, aber auch für den Begriff „Sittengesetz".[44] Ja, selbst die „Rechte anderer", ein Begriff, der noch am ehesten klar bestimmbar erscheint, sind, wie etwa das Lüthurteil (BVerfG 7, 198) zeigt, nicht etwas einfach Vorgegebenes, absolut Feststehendes.[45]

Bei sämtlichen drei Begriffen muß also — jedenfalls in den kritischen Grenzfällen — der Inhalt erst noch ermittelt werden. Praktisch wird diese Inhaltsermittlung darauf hinauslaufen, daß man in die Begriffe zunächst „teleologisch" das hineinsteckt, was man ihnen dann anschließend entnehmen will.[46]

Von hier aus muß einmal offen die Frage gestellt werden, ob der Rückgriff auf die „Schrankentrias" des Art. 2 Abs. 1[47] wirklich weiterführt und mehr als einen bloß psychologischen (Beruhigungs-)Wert hat.[48]

---

[43] Der Begriff wird nun nämlich verschieden ausgelegt, je nachdem, ob es sich um seine Bedeutung im Rahmen des Art. 2 handelt oder um seine „zusätzliche Bedeutung" für die „Schrankensystematik aller Grundrechte" (Maunz-Dürig, Art. 2 I Rdnr. 69).

[44] Vgl. BVerfG 6, 434 = NJW 57, 867 f. — das BVerfG nimmt dort erstmals zu dem Begriff Stellung (Homosexualität verstößt gegen das „Sittengesetz"); BVerwG 1, 303 (307); Maunz-Dürig, Art. 2 I Rdnr. 16; Nipperdey, in: Die Grundrechte IV/2 S. 819 ff.

[45] „Geht es doch eben darum, wie weit sich diese Rechte gegenüber den ‚ersten' Rechten durchzusetzen vermögen" (P. Lerche, Übermaß und Verfassungsrecht, 1961, S. 126 f.; s. auch S. 295 daselbst). Aufschlußreich hierzu neben dem Lüthurteil (BVerfG 7, 198) etwa BVerfG 7, 230. Das BVerfG entschied dort, ein Mieter sei nicht berechtigt, ohne Zustimmung des Eigentümers Wahlpropaganda-Plakate an der Außenfront der Mietwohnung anzubringen. „Die hohe Bedeutung, die dem Grundrecht auf freie Meinungsäußerung, namentlich auf freie Äußerung der politischen Meinung, in der freiheitlichen Demokratie zukommt, hat nicht zur Folge, daß man seine Meinung in jeder Form und mit jedem Mittel äußern dürfte" (S. 234 a.a.O.). „Denn auch das Eigentum ist immerhin grundrechtlich geschützt, und es müssen gewichtige Interessen entgegenstehen, wenn die natürlichen Eigentümerbefugnisse zurücktreten sollen" (S. 235 a.a.O.). Zugleich hat das BVerfG aber zu erkennen gegeben, daß der Interessenkonflikt wohl grundsätzlich anders zu beurteilen ist, soweit Mieter Flaggen, Teppiche, Blumen, Kerzen und religiöse Bildwerke bei entsprechendem Anlaß als Bekundung bestimmter weltanschaulicher oder religiöser Überzeugung außen an den Mietwohnungen anbringen (S. 238 a.a.O.). Vgl. auch Nipperdey, in: Die Grundrechte IV/2 (1962) S. 741 ff. (787 f.).

[46] Vgl. hierzu die folgende Erklärung: „Aus dem ‚Soweit'-Satz dürfen nur solche Bindungswerte entnommen werden, ohne die im sozialen Bereich schlechthin keine Freiheit anerkannt werden kann. Es kann sich nur um Werte handeln, deren Nichtbeachtung jegliche Freiheit paralysiert, also um Minimalwerte eines störungsfreien, schaden- und gefahrlosen Gemeinschaftslebens" (Maunz-Dürig, Art. 2 I Rdnr. 4 a. E.; s. auch Art. 17a Rdnr. 16 f. daselbst). Ebenso Nipperdey, in: Die Grundrechte IV/2 S. 818 f.

[47] Den unterlassen zu haben z. B. Bachof dem BVerwG („Gemeinschaftsklausel") vorgeworfen hat (JZ 1957, 337 Nr. 13).

[48] Vgl. hierzu Maunz-Dürig, Art. 2 I Rdnr. 70 ff. Dürig prüft dort zunächst die verschiedenen Wege „zur Aufdeckung dieser für jedes Grundrecht ...

Im übrigen ist zu diesem Punkte noch folgendes zu bemerken: Selbst wenn der Inhalt der drei Begriffe absolut feststünde, wäre doch durch einen Verweis auf diese Begriffe nicht allzuviel gewonnen. Denn die Frage, ob ein bestimmtes Freiheitsinteresse einem anderen Interesse unterzuordnen ist, kann nicht pauschal entschieden werden. Sie muß für jedes Grundrecht gesondert geprüft werden. Und nicht genug damit: für jedes einzelne Grundrecht ist eine weitere Differenzierung erforderlich, umfassen doch die einzelnen Grundrechte regelmäßig mehrere Befugnisse, die an Bedeutung und Schutzwürdigkeit sehr verschieden sein können.[49] Es kommt also bei der Interessenabwägung sehr auf die Umstände des einzelnen Falles an. Damit soll nicht gesagt werden, daß man überhaupt darauf verzichten sollte, eine Rangordnung der verschiedenen Interessen herauszuarbeiten. Ganz im Gegenteil! Gerade hier liegt eine wichtige wissenschaftliche Aufgabe. Aber sie kann nur auf Grund genauer Prüfung der verschiedenen denkbaren Fälle und auf Grund sorgfältiger Abstufung nach typischen Fallgruppen gelöst werden — nicht hingegen durch schematisch-allgemeine Thesen und Deduktionen (etwa nach dem Motto: ein bestimmtes Grundrecht habe stets den Vorrang vor einem anderen)[50]. Selbst der recht plausibel klingende

---

geradezu *selbstverständlichen Schranken"* und lehnt die Klausel des BVerwG im Anschluß an Bachof (JZ 1957, 337 Nr. 13) als „mehr oder minder frei und willkürlich" geprägt ab. Er erklärt sodann: „Die im folgenden angewendete Methode besteht darin, im Wege der *Auslegung des Art. 2 I, 2. Halbsatz drei primitive Nichtstörungsschranken aufzufinden* ... Die hier eingeschlagene Methode ist verfassungsstreu und wohl sogar verfassungstextreu". Im gleichen Sinne meint Bachof, die (von ihm kritisierte) Gemeinschaftsklausel des BVerwG könne „in der Rechtsgütertrias des Art. 2 I nicht nur ihre Rechtfertigung, sondern zugleich auch ihre (notwendige!) Begrenzung finden" (Freiheit des Berufs, in: Die Grundrechte III/1, 1958, S. 167, Anm. 47; auf S. 207 a.a.O. erklärt es Bachof daher allerdings für sekundär, auf welche Weise man die Gemeinschaftsbezogenheit der Grundrechte begründe). Nipperdey hat sich Dürig und Bachof angeschlossen (in: Die Grundrechte IV/2 S. 818 f.). — Daß man auch ohne Rückgriff auf die Schrankentrias des Art. 2 I gewisse elementare „Grenzen" der Grundrechte aufzeigen kann, hat übrigens Dürig selbst in AöR 79 (1953) 57 ff. (74 ff.) dargelegt. Das gleiche zeigt auch ein Blick auf die amerikanische Rechtsprechung. Bekanntlich garantiert die US-Verfassung die Grundrechte ohne ausdrückliche Vorbehalte. Gleichwohl setzt der US Supreme Court als selbstverständlich voraus, daß keines der Freiheitsrechte völlig absolut sein kann. Er hat dies sowohl für die eigentlichen Freiheitsrechte (Adkins v. Childrens Hospital, 261 U. S. 525, 1923) als auch für die Eigentums- und Vertragsrechte (Nebbia v. New York, 291 U. S. 502, 1934) ausgesprochen (angegeben bei Loewenstein, Jahrb. d. öff. Rechts N. F. 4, 131).

[49] Siehe hierzu unten S. 60.

[50] Insoweit hat etwa Koebel (JZ 1961, 521, 524 f.) berechtigte Bedenken gegen die verallgemeinernden Sätze angemeldet, die W. Leisner (Grundrechte und Privatrecht, 1960, S. 391 ff.) zur Lösung von „Grundrechtskollisionen" aus dem System der Gesetzesvorbehalte entwickelt hat. Kritisch ferner etwa Lerche, Übermaß und Verfassungsrecht, 1961, S. 125. Vgl. auch Koebel, JZ 1963, 188 ff. (Besprechung der Rechtsgutachten von Adolf Schüle und Hans Huber über das Thema „Persönlichkeitsschutz und Pressefreiheit", Tübingen 1961).

Satz „Unstreitig hat die Entfaltungsfreiheit wertmäßig Vorrang („Präponderanz') vor dem Gleichheitsgrundsatz, und ist den Personenwerten stets Vorrang vor den Sachgüterwerten zuzuerkennen"[51] muß deshalb kritisch überprüft werden.[52]

Dabei geben die überkommenen Normen, die Lehre und die reiche Judikatur sowie eine rechtsvergleichende Betrachtung wichtige Hinweise für die Interessenbewertung.[53] Anderseits müssen freilich gerade manche überkommenen Normen und Ansichten daraufhin überprüft werden, ob die ihnen zugrunde liegenden Wertungen heute noch als gültig anerkannt werden können.[54] Im folgenden sollen einige Fälle die Problematik veranschaulichen und verdeutlichen:

Können Fronleichnamsprozessionen in Gemeinden mit vorwiegend protestantischer Bevölkerung verboten werden mit der Begründung, sie verletzten die religiösen Gefühle der Bevölkerungsmehrheit und damit den konfessionellen Frieden?[55]

Kann die Polizei eine Prozession auflösen oder von vornherein untersagen, weil sie den Verkehr stört?

Kann sie dem Prediger einer Religionsgemeinschaft, der in einem öffentlichen Park sprechen will, den Gebrauch eines (die Anlieger störenden) Lautsprechers untersagen?[56]

---

[51] Nipperdey, Freie Entfaltung der Persönlichkeit, in: Die Grundrechte IV/2 (1962) S. 741 ff. (765). Dürig vertritt für das Verhältnis von Entfaltungsfreiheit und Gleichheitsgrundsatz dieselbe Ansicht (Maunz-Dürig, Art. 2 I Rdnr. 2), äußert sich aber im übrigen zurückhaltender: „Man wird zur Lösung derartiger Grundrechtsantonomien als Faustregel aufstellen müssen: Persongutwert geht vor Sachgutwert" (Dürig, Grundrechtsverwirklichung auf Kosten von Grundrechten, in: Summum Ius, Summa Iniuria (1963) S. 84).
[52] Vgl. E. Scheffler, Ehe und Familie, in: Die Grundrechte IV/1 (1960) S. 245 ff. (275); Zippelius, Wertungsprobleme im System der Grundrechte (1962) S. 45. — Vgl. allgemein zu dem Problem: Hubmann, Grundsätze der Interessenabwägung, AcP 155 (1956) S. 85 ff. (89 ff.).
[53] Dürig hat zutreffend auf die Bedeutung der Verbotsnormen des Strafrechts (einschließlich des Nebenstrafrechts) und auf die umfangreiche überkommene Rechtsprechung zur polizeilichen Generalklausel hingewiesen (Maunz-Dürig, Art. 2 I Rdnr. 76 ff., 80 ff.). Seine Auslegung des in Art. 2 I gebrauchten Begriffs „verfassungsmäßige Ordnung" (vgl. oben S. 25 Anm. 11) soll ja gerade den Rückgriff auf die dort bereits entwickelten Wertungsgesichtspunkte ermöglichen (vgl. Rdnr. 84).
[54] Der Hinweis von Dürig, „daß ... der 29. Abschnitt (Übertretungen) des StGB im Hinblick auf die Grundrechte ... einer verfassungsrechtlichen Durchkämmung bedarf" (Maunz-Dürig, Art. 2 I Rdnr. 79), ist also von allgemeiner Bedeutung. So müssen etwa alle die Berufsfreiheit beeinträchtigenden vorkonstitutionellen Normen, insbes. solche, die eine Bedürfnisprüfung vorschreiben, auf ihre Vereinbarkeit mit Art. 12 GG überprüft werden (s. insoweit das Apothekenurteil BVerfG 7, 377).
[55] Bejaht vom Thür. OVG (Gutachten vom 3. 9. 1947, Jahrb. 18 (1948) S. 243 ff.); zustimmend Drews-Wacke, Allgem. Polizeirecht, 7. Aufl. 1961, S. 78, 135. Diese Ansicht dürfte aber im Hinblick auf die Wertentscheidung des Art. 4 heute kaum mehr haltbar sein (vgl. BVerfG 12, 1).
[56] Verneint vom US Supreme Court in Saia v. New York, 334 U. S. 558 (1948).

Ist eine Stadt, die den Handel mit Büchern nur gegen eine Gebühr zuläßt, berechtigt, auch von missionierenden Zeugen Jehovas für den Verkauf religiöser Schriften eine Lizenzgebühr zu verlangen?[57]

Stört ein Zeuge Jehovas die öffentliche Ordnung, wenn er katholischen Straßenpassanten auf einer Grammophonplatte eine Rede vorspielt, die beleidigende Äußerungen über die katholische Kirche enthält?[58]

Sind Mitglieder einer Religionsgemeinschaft strafbar, wenn sie einen Gottesdienst in einem öffentlichen Park abhalten, obwohl ihnen die beantragte Erlaubnis hierfür verweigert worden ist?[59]

Darf die Polizei die Aufführung eines so umstrittenen Films wie „Die Sünderin" unterbinden?[60]

---

[57] Vom US Supreme Court zunächst bejaht in Jones v. Opelika 316 U. S. 584 (1942) mit der Begründung, durch die Erhebung einer verhältnismäßig geringen Gebühr werde die freie Ausübung der Religion nicht unzulässig eingeschränkt. Wenn die Anhänger einer Religionsgemeinschaft kommerzielle Methoden anwendeten, um Geld für ihre Zwecke zu beschaffen, so sei es nicht unbillig, daß sie insoweit ebenso wie andere Gewerbetreibende behandelt würden. — Aber schon ein Jahr später vertrat die Mehrheit in einer 5:4-Entscheidung die Ansicht, der Vertrieb religiöser Broschüren durch missionierende Zeugen Jehovas dürfe als religiöse Tätigkeit nicht durch eine Lizenzgebühr behindert werden (Murdock v. Pennsylvania, 319 U. S. 105 — 1943).

[58] Der US Supreme Court hat in diesem Falle auf Grund einer Interessenabwägung („free exercise of religion" contra „state ... interest in the preservation and protection of peace and good order") entschieden, der Zeuge Jehovas sei keines „Friedensbruches" („breach of the peace") schuldig — Cantwell v. Connecticut, 310 U. S. 296 (1940).

[59] Verneint in Niemotko v. Maryland, 340 U. S. 268 (1951); bejaht hingegen in Poulos von New Hampshire, 345 U. S. 395 (1952).

[60] Bejaht von LVG Rheinland-Pfalz VR 4, 733 = DÖV 1952, 664 (mit ausführlicher Begründung) — auf S. 668 Ziff. 3 werden Inhalt und Darstellungsart des Filmes beschrieben —; ebenso LVG Münster, Beschl. v. 28. 5. 1952 — 1 L 57/52 — (nicht veröffentlicht). Hingegen verneint vom OVG Lüneburg, DVBl. 1953, 83 = NJW 1953, 237. — Sämtliche Gerichte gingen davon aus, die Aufführung von Filmen werde durch das Recht der freien Meinungsäußerung (Art. 5) geschützt; aber zu den „allgemeinen Gesetzen", durch die jenes Recht begrenzt werde, gehöre auch die polizeiliche Generalklausel. — Das BVerwG hielt (insoweit das Urteil des OVG Lüneburg bestätigend) das polizeiliche Verbot für unzulässig (BVerwG 1, 303 = JZ 1955, 345 = NJW 1955, 1203). Im Gegensatz zu den anderen Gerichten ging es davon aus, ein (nicht nur berichterstattender) Spielfilm sei durch Art. 5 III (Freiheit der Kunst) geschützt. Diese unterliege nicht den „Schranken" der polizeilichen Generalklausel, finde aber „dort ihre Grenze, wo ihre Inanspruchnahme ein anderes Grundrecht verletzen oder Rechtsgüter, die für den Bestand der staatlichen Gemeinschaft notwendig sind, gefährden würde". Zu diesen Rechtsgütern gehöre zwar auch das „Sittengesetz im Sinne der allgemeinen grundlegenden Anschauungen über die ethische Gebundenheit des einzelnen in der Gemeinschaft". Zudem schütze Art. 6 Ehe und Familie. „Das bedeutet aber nicht, daß das Grundgesetz Darstellungen der Kunst ausschließt, die Vorgänge zum Gegenstand haben, welche von dem Sittengesetz mißbilligt werden, moralisch ungesund oder unter Strafe gestellt sind oder von den herkömmlichen Anschauungen über Ehe und Familie abweichen; denn durch eine bloße Darstellung solcher Vorgänge werden diese Rechtsgüter nicht untergraben." Der Film be-

Darf sie ein Mitteilungsblatt beschlagnahmen, das für die kommunistischen „Weltfestspiele" wirbt?[61]

Darf sie gegen den Vertrieb von Gummischutzmitteln durch Straßenautomaten einschreiten?[62]

Darf sie „Damenringkämpfe" verbieten?[63]

Darf sie auf Grund einer von höchster Stelle angeordneten „Staatstrauer" öffentliche Tanzveranstaltungen untersagen?

Solche und ähnliche Fälle haben deutsche und amerikanische Gerichte beschäftigt. Und in fast allen genannten Fällen sind verschiedene Ansichten hart aufeinandergeprallt. Es zeigt sich hier, wie wenig allgemeine Formeln weiterhelfen und wie nötig es ist, bei der Interessenabgrenzung nach typischen Fallgruppen zu differenzieren.

Das Problem der Interessenabgrenzung — die Frage, ob und inwieweit bestimmte Freiheitsinteressen geschützt werden können — stellt sich aber nicht nur im Verhältnis des Einzelnen zur öffentlichen Gewalt, sondern auch im Verhältnis der Privatpersonen untereinander.[64]

---

schränke sich auf eine Darstellung solcher Vorgänge und verherrliche diese nicht (BVerwG 1, 307).

[61] Bejaht vom 3. Zivilsenat des BGH in der umstrittenen Entscheidung vom 1. 2. 1954 (BGH 12. 197). Kritisch insoweit insbes. Beyer, NJW 1954, 713 (vgl. auch Zeidler, NJW 1954, 1068; Löffler, DÖV 1957, 899); demgegenüber im ganzen verteidigend Dürig (Maunz-Dürig, Art. 2 I Rdnr. 81 S. 73 Anm. 1).

[62] Diese umstrittene Frage ist inzwischen durch § 41a GewO, der den Verkauf von Schutzmitteln durch Außenautomaten an öffentlichen Wegen, Straßen und Plätzen verbietet, gegenstandslos geworden. Zu der vorher bestehenden Kontroverse s. die Angaben bei Drews-Wacke, Allgem. Polizeirecht, 7. Aufl. 1961, S. 81. Während der BGH die Ansicht vertreten hatte, es verstoße schlechthin gegen Sitte und Anstand, Schutzmittel durch Straßenautomaten anzubieten (BGH MDR 1959. 503 = NJW 1959, 1092; BGH DÖV 1960, 186), schien das BVerwG einer Abwägung nach den Umständen des Einzelfalles zuzuneigen (BVerwG 10, 164 = DÖV 1960, 426 = DVBl. 1960, 482).

[63] Grundsätzlich verneinend Württ.-Bad. VGH VR 2, 71 = DVBl. 1950, 26 = DÖV 1949, 476: es sei nicht Aufgabe der Polizei, gegen bloße Geschmacklosigkeiten einzuschreiten, wenn durch sie nicht die Sittlichkeit verletzt werde, zumal wenn solche Darbietungen nicht in aller Öffentlichkeit, sondern in geschlossenen, nur gegen Eintrittsgeld zugänglichen Räumen stattfänden; zustimmend Drews-Wacke, Allgem. Polizeirecht, 7. Aufl. 1961, S. 84.

[64] Das Zivilrecht hatte sich mit dieser Frage auseinanderzusetzen, lange bevor „Grundrechte" verfassungsmäßig garantiert waren und man über eine „Drittwirkung" der Grundrechte streiten konnte. Die Prüfung der früheren Theorie und Praxis würde ergeben, daß das Zivilrecht die heute in den Grundrechtsnormen genannten Freiheitsinteressen (Glaubens-, Meinungs-, Berufs-, Eigentumsfreiheit usw.) schon lange vor der Garantie von „Grundrechten" als bedeutsam und schutzwürdig anerkannt hat. [So stellt z. B. selbst W. Leisner, ein Hauptbefürworter unmittelbarer „Drittwirkung", fest, auf Art. 4 berufe sich die Rechtsprechung kaum, weil sie meist, in Fortsetzung der bisherigen religiösen Bereichsschutzlehre, zu grundrechtsgemäßen Ergebnissen gelangen könne (Grundrechte und Privatrecht, 1960, S. 344)]. — Freilich ist es verständlich, daß nun, nachdem die Verfassung diese Interessen durch den

So fragt sich etwa: Muß eine Lernpflegerin, die in einer Heilanstalt ausgebildet wird, im Falle ihrer Verheiratung die Stelle aufgeben, wenn sie bei ihrer Einstellung eine entsprechende Verpflichtung übernommen hat?[65] Darf der Leiter einer Pressestelle unter Hinweis auf Veit Harlans Vergangenheit (Regisseur des „Jud Süß") zum Boykott seiner Nachkriegsfilme auffordern?[66] Ist ein Mieter berechtigt, an der Außenfront seiner Mietwohnung Wahlpropagandaplakate anzubringen?[67] Muß ein katholischer Anstreicher, der jahrzehntelang in einem katholischen Krankenhaus gearbeitet hat und Kündigungsschutz genießt, sich eine Kündigung gefallen lassen, weil er, nachdem seine erste Ehe aus Alleinverschulden der Frau geschieden worden war, eine evangelische Hausangestellte geheiratet hat?[68] Liegt darin, daß jemand trotz des Widerspruches seines Ehegatten seine Religionszugehörigkeit wechselt, eine „schwere Eheverfehlung" i. S. des § 43 EheG?[69]

Sobald man die Diskussion, die sich allzu leicht im abstrakten Raum verliert, auf der Grundlage solcher typischen Fälle führt, wird vieles klarer. Und es wird sich dann wohl auch schnell zeigen, daß die (oben S. 23 ff.) dargestellten einander widerstreitenden Theorien sich im Ergebnis weithin einig sind.

Eines aber steht schon jetzt fest:

Selbst wenn es durch sorgfältige Einzeluntersuchungen gelingen sollte, die Rangverhältnisse der verschiedenen denkbaren Interessen — nach typischen Fallgruppen differenziert — in ihrer ganzen Vielfalt sichtbar zu machen, bliebe doch jener elementare formale Satz[70] der notwendige Ausgangspunkt für jede zu treffende Entscheidung. Und deshalb ist es durchaus legitim, ja notwendig, diesen Ausgangspunkt als solchen offen zu kennzeichnen.

Grundrechtskatalog in ihrer Bedeutung besonders herausgehoben hat, auch der Zivilrechtler bei seinen Wertungen gerne ausdrücklich auf die Grundrechte verweist. Deshalb braucht man aber nicht von einer „Drittwirkung" der Grundrechte zu sprechen (Vgl. hierzu etwa Raiser, JZ 1959, 421; Flume, Rechtsgeschäft und Privatautonomie, in: Festschrift Deutscher Juristentag I (1960) S. 135 ff. (141); Koebel, Grundrechte und Privatrecht, JZ 1961, 521, 525).

[65] Verneint von BAG 4, 274 = NJW 1957, 1688.

[66] Vom BVerfG bejaht im „Lüthurteil" (BVerfG 7, 198).

[67] Verneint vom BVerfG 7, 230 (siehe oben Anm. 45).

[68] Bejaht vom BAG in dem umstrittenen „Anstreicherurteil" (BAG 2, 279 = AP Nr. 15 zu § 1 KSchG mit abl. Anm. von Frey und Neumann-Duesberg). Ablehnend Ennecc.-Nipperdey, BGB I 1 (1959) S. 104 Anm. 114 (mit weit. Nachweisen).

[69] Grundsätzlich verneint von BGH 38, 317 und BVerfG JZ 1964, 363 (Beschluß vom 7. 4. 1964). Siehe hierzu näher Müller-Freienfels, JZ 1964, 305 ff. (308).

[70] „Jede Grundrechtsnorm gilt nur, wenn und soweit dem geschützten Freiheitsinteresse keine höherwertigen Interessen (Rechtsgüter) entgegenstehen."

Nichts anderes tut im Grunde die vielgescholtene[71] „Gemeinschaftsklausel" des BVerwG.[72] Wie schon betont worden ist, kann eine solche formale Klausel natürlich keine Zauberformel sein, mit deren Hilfe sich Wertungsfragen lösen lassen. Aber sie bezeichnet wenigstens klar die Fragestellung, von der jede Theorie ausgehen muß. Die eigentliche Arbeit, nämlich die Konkretisierung der Formel, ist dann freilich noch zu leisten. Sie hat nach den gleichen Grundsätzen zu erfolgen, die für die Konkretisierung sonstiger Generalklauseln gelten. Es versteht sich danach von selbst, daß die erforderlichen Wertmaßstäbe nicht dem Belieben der jeweiligen Urteiler anheimgegeben sind. Die Maßstäbe für die Interessenbewertung bestimmen sich weder nach den persönlichen Ansichten und Überzeugungen des jeweiligen Urteilers, noch nach irgendwelchen Theorien oder Dogmen, sollten diese auch weit verbreitet sein;[73] *sondern allein nach der objektiven Wertordnung der Verfassung, nach der Rangfolge, die sich auf Grund dieser Wertordnung für die einzelnen Rechtsgüter ergibt.*[74] Diese Rangfolge wird nun freilich

---

[71] Siehe statt aller Lerche, Übermaß und Verfassungsrecht (1961) S. 293 f. (m. w. Nachw.).

[72] Nach dieser darf ein Grundrecht dann nicht in Anspruch genommen werden, „wenn dadurch die für den Bestand der Gemeinschaft notwendigen Rechtsgüter gefährdet werden" (s. oben Anm. 37). Ähnlich verfährt übrigens jetzt Dürig, wenn er formuliert: „Es klingt fast wie eine mathematische Formel: Wenn die Freiheit als solche nach dem Willen der Verfassung gesichert werden muß, dann geht das überhaupt nur, wenn die einzelnen Bürger dieses Staates mindestens jene Freiheitsbeeinträchtigungen freiwillig hinnehmen und notfalls zwangsweise hinzunehmen haben, die diesen Wertschutz überhaupt erst ermöglichen" (Grundrechtsverwirklichung auf Kosten von Grundrechten, in: Summum Ius, Summa Iniuria, 1963, S. 87 f.).

[73] „Das Grundgesetz hat sich, wenn man überhaupt, einer Philosophie der Freiheit verschrieben. Das heißt, daß kein Gedankensystem, mag es sein Verfasser auch für noch so richtig und noch so wertvoll halten, den Anspruch erheben darf, das Gedankensystem des Grundgesetzes zu sein" (Herbert Krüger, Besprechung von W. Wertenbruch, Grundgesetz und Menschenwürde (1958), AöR 86 (1961) S. 354). — Vgl. auch Wieacker, Rechtsprechung und Sittengesetz, JZ 1961, 337 (340 f.).

[74] Das BVerfG hat mehrfach betont, das Grundgesetz wolle keine wertneutrale Ordnung, sondern eine objektive Wertordnung sein (s. etwa Lüthurteil, BVerfG 7, 198, 205 und 215). Zustimmend etwa Nipperdey, a.a.O. (Note 51) S. 749 m. w. Nachw. und unter Kritik der gegenteiligen Ansicht, die Forsthoff vertritt (Die Umbildung des Verfassungsgesetzes, Festschrift für Carl Schmitt, 1959, S. 35 ff.). Schon Smend hat darauf hingewiesen, der Sinn eines Grundrechtskataloges bestehe darin, „eine sachliche Reihe von einer gewissen Geschlossenheit, d. h. ein Wert- oder Güter-, ein Kultursystem zu normieren" (Verfassung und Verfassungsrecht, 1928, S. 163). Und Triepel hat bemerkt, die Grundrechte enthielten vielfach „nichts anderes als legalisierte Wertungen" (VVDStRL 4, 90). Im gleichen Sinne auch Hans Peters, Das Recht auf freie Entfaltung der Persönlichkeit in der höchstrichterlichen Rechtsprechung (1963) S. 8 f.; Herbert Krüger, Allg. Staatslehre (1964) S. 540 ff. — Forsthoff ist indes bei seiner Meinung geblieben und sieht in jenem Verständnis der Grundrechte als „Werte" den Anfang vom Ende: „... gleichgültig, wie man den Wert des genaueren zu begreifen hat, jedenfalls wird mit ihm die

nicht immer offen zutage liegen.[75] Sie ist dann dadurch zu ermitteln, daß geprüft wird, *welche Bedeutung und welches Gewicht den jeweils betroffenen Interessen (Rechtsgütern) im Rahmen des Verfassungsganzen zukommt.*

Natürlich werden trotz der Bemühungen um einen derart objektivierten Maßstab die Wertungen der einzelnen Urteiler nicht immer übereinstimmen. Aber dies ist bei Wertungsfragen ein allgemeines unvermeidliches Phänomen, das sich auch durch die beste Theorie nicht ausschließen läßt.

Es bleibt nun noch zu prüfen, welche Bedeutung jenem elementaren Satz, von dem jede Theorie ausgehen muß, für Gesetzgebung (1.), Rechtsprechung (2.) und vollziehende Gewalt (3.) im einzelnen jeweils zukommt.

1. Für die Gesetzgebung besagt der Satz: der Gesetzgeber darf, auch soweit es an einem ausdrücklichen Vorbehalt zu seinen Gunsten fehlt, ein Freiheitsinteresse beeinträchtigen, *wenn und soweit* dies zum Schutze von Interessen erforderlich ist, die nach der objektiven Wertordnung der Verfassung als höherwertig anzusehen sind.[76]

Abwehrfunktion des Grundrechts zunächst einmal aufs Spiel gesetzt und wie die spätere Entwicklung zeigt, de facto auch preisgegeben" (Forsthoff, Der introvertierte Rechtsstaat und seine Verortung, Der Staat 2 (1963) S. 385 [388]).

[75] Lerche meint, es sei ein „durch nichts bewiesenes, wenn auch weithin geglaubtes Dogma heutiger Verfassungslehre, daß die Verfassung eine für alle Fälle umfassende Entscheidung selbst getroffen habe, die auch dort zum Klingen gebracht werden könnte, wo der Verfassungstext unzulänglich bleibt" (Übermaß und Verfassungsrecht, 1961, S. 131). Daran ist sicher richtig, daß die Entscheidung oft nicht ohne weiteres aus den vorhandenen Normen abgeleitet werden kann. Andererseits ergeben sich aber doch auch für Zweifelsfälle aus der Gesamtordnung der Verfassung stets gewisse Richtlinien für eine Wertung. Lerche dürfte deshalb zu weit gehen, wenn er erklärt, in bestimmten Konfliktsfällen halte die Verfassung „keinerlei Maßstäbe (sc. für die Wertentscheidung) zur Verfügung" (S. 130 a.a.O.).

[76] Um naheliegenden Mißverständnissen vorzubeugen, sei hier nochmals betont, daß die Grundrechte dadurch nicht der Willkür des Gesetzgebers ausgeliefert werden: Der Gesetzgeber darf nicht nach seinem Gutdünken über das Rangverhältnis von Freiheitsinteresse und sonstigen Interessen befinden. Vielmehr ist er bei seiner Entscheidung an die Wertordnung der Verfassung gebunden und unterliegt insoweit der richterlichen Kontrolle. Zudem trägt er die Beweislast dafür, daß seine Regelung zum Schutze des höherwertigen Rechtsguts erforderlich ist (siehe oben Anm. 21). — Es sei auch nochmals hervorgehoben, daß hier nur offen ausgesprochen wird, was sonst unter der Vorstellung „immanenter Schranken" („Grenzen") weithin in verschleierten Formen vertreten wird. Da nun einmal — wie heute wohl niemand mehr bestreitet — auch die (scheinbar) „vorbehaltlos" garantierten Grundfreiheiten (z. B. die Glaubensfreiheit, Art. 4, und die Freiheit der Kunst, Art. 5 Abs. 3 GG) nicht absolut sein können, sollte man ihre Grenzen lieber in der hier befürworteten offenen *und damit voll kontrollierbaren* Form bestimmen als mit Hilfe so undurchsichtiger Begriffe wie der „immanenten Schranken". Wenn man dem Gesetzgeber sagt: „Du darfst, auch soweit es an einem aus-

2. Gilt Entsprechendes auch für die Rechtsprechung? Ein interessanter Beschluß des BVerfG vom 19. 12. 1962, durch den das Gericht der Verfassungsbeschwerde eines Rechtsanwalts stattgab, mag die sich insoweit ergebenden Probleme veranschaulichen:[77] Der Beschwerdeführer war in einem Strafverfahren wegen Staatsgefährdung Wahlverteidiger eines ostzonalen Funktionärs. Durch einen Beschluß des BGH wurde er, nachdem er dem Gericht die Drohschrift einer ostzonalen Vereinigung übersandt hatte, als Verteidiger ausgeschlossen, weil er sich zumindest der Beihilfe zur Beamtennötigung und Zersetzung schuldig gemacht habe. „Rechtsprechung und Lehre" seien sich mit wenigen Ausnahmen darüber einig, daß ein Rechtsanwalt von der Verteidigung ausgeschlossen sei, wenn er sich der Beteiligung oder der Begünstigung an der zur Aburteilung stehenden Tat schuldig gemacht habe.[78]

Gegen diesen Beschluß wandte sich der Rechtsanwalt mit der Verfassungsbeschwerde.

Das BVerfG ging davon aus, die Ausschließung enthalte einen „Eingriff" in die freie Berufsausübung des Rechtsanwalts, der nach Art. 12 I GG einer gesetzlichen Grundlage bedürfe. Um die Grundlage des BGH-Beschlusses, der sich ja nicht auf eine „Norm des geschriebenen Rechts", sondern auf „Rechtsprechung und Lehre" berufen hatte, prinzipiell als tragfähig anerkennen zu können, sah sich das BVerfG von diesem seinem Ausgangspunkt her zu der „Annahme" genötigt, der BGH sehe die Ergebnisse der früheren Rechtsprechung und Lehre als „Gewohnheitsrecht" an, „das entstanden ist durch ständige Rechtsprechung, Aufnahme durch die Beteiligten und Billigung durch die Rechtslehre."[79] Da es sich insoweit um vorkonstitutionelles Gewohnheitsrecht handle, könne es die Berufsausübung i. S. des Art. 12 I S. 2 GG wirksam regeln, „da ein in dieser Vorschrift etwa liegendes Gebot formeller Gesetzgebung für vorkonstitutionelles Recht nicht gelten würde". Auch sei der „vom BGH festgestellte gewohnheitsrechtliche Rechtssatz" als solcher inhaltlich mit Art. 12 I S. 2 GG vereinbar.

---

drücklichen Vorbehalt zu Deinen Gunsten fehlt, ein Freiheitsinteresse beeinträchtigen — *aber nur*, wenn Du den Nachweis führst, daß Deine Regelung zum Schutze höherwertiger Interessen erforderlich ist," so schützt man die Grundrechte besser, als wenn man ihm erklärt: „Auch die Grundrechte, bei denen es an einem ausdrücklichen Vorbehalt fehlt, haben ‚immanente Schranken'. Sie gelten nur vorbehaltlich der Rechte anderer, der verfassungsmäßigen Ordnung und des Sittengesetzes (vgl. Art. 2 Abs. 1 GG). Also darfst Du insoweit beeinträchtigende Regelungen treffen."

[77] BVerfG 15, 226 = JZ 1963, 363. Hierzu Eberhard Schmidt, Zur Problematik der Entziehung der Verteidigungsbefugnis, NJW 1963, 1753.

[78] BGHSt 9, 20.

[79] E. Schmidt hält diese Auffassung für unrichtig. Er meint, unter der vom BGH erwähnten „Rechtsprechung und Lehre" „dürften ... doch wohl die Rechtsgrundsätze zu verstehen sein, die Rechtsprechung und Lehre in bewährter Auslegungsarbeit dem Gesetz entnommen haben" (NJW 1963, 1754).

Im folgenden beschäftigte sich das Gericht mit der Frage, ob und inwieweit dieser Satz weiterentwickelt werden dürfe. Es mahnte insoweit
zu besonderer Zurückhaltung[80] und betonte die Notwendigkeit einer
„umfassenden Abwägung aller Gesichtspunkte, die auch der Gesetzgeber bei einer ausdrücklichen Regelung bedenken würde". Von hier
aus wurde der Ausschluß im vorliegenden Fall als unzulässig betrachtet,
weil er gegen das „Verbot des Übermaßes" verstoßen habe.

Ist dem Beschluß des BVerfG im Ergebnis zuzustimmen, so muß doch
sein Ausgangspunkt überprüft werden: die Ansicht nämlich, es sei für
jeden Richterspruch, der ein Freiheitsinteresse beeinträchtigt,[81] eine
spezielle Ermächtigungsnorm erforderlich.[82] [83] Diese Ansicht kann, wie
der vorliegende Fall zeigt, zu großen Schwierigkeiten führen. Sie
nötigte das BVerfG zu der (anfechtbaren) „Annahme" eines „gewohnheitsrechtlichen Satzes". Ließ sich diese „Annahme" hier im Hinblick
auf einige Entscheidungen und Stimmen in der Literatur allenfalls vertreten, so wird sie in anderen kritischen Fällen keineswegs immer möglich sein. Das zeigt sich klar etwa an einem früheren BGH-Beschluß
(BGHSt 8, 194), durch den ein Rechtsanwalt aus Ostberlin, der in einem
Landesverratsverfahren in Westdeutschland aufgetreten war, als Strafverteidiger ausgeschlossen war mit der Begründung, es bestehe die
„naheliegende Gefahr, daß sich der fremde Nachrichtendienst durch ihn
in den Besitz der für ihn wichtigen Erkenntnisse zu setzen versucht".[84]
Gegenüber dem Einwand des Verteidigers, durch seinen Ausschluß
werde der Grundsatz der Rechtsstaatlichkeit verletzt, dem schlechthin
der Vorrang vor allen übrigen Belangen gebühre, hatte der BGH zutreffend darauf hingewiesen, „daß sich das rechtsstaatliche Prinzip viel-

---

[80] „Jede erweiternde Auslegung schafft hier im Ergebnis einen neuen Ein-
griffstatbestand."

[81] Das Gericht spricht im Sinne überkommener Vorstellungen von „Eingriff" (vgl. hierzu oben I S. 14 ff.).

[82] Wobei diese Rechtsnorm, wenn sie nicht vorkonstitutionell sondern nach-
konstitutionell ist, möglicherweise sogar den Rang des förmlichen Gesetzes
haben muß. Diese vom BVerfG a.a.O. offen gelassene Frage wird von der
h. L. bejaht: die h. L. verlangt für jede Beeinträchtigung eines Freiheitsinteresses als Ermächtigungsgrundlage ein förmliches Gesetz (s. etwa Herbert
Krüger, DÖV 1955, 559 sowie Dietrich Jesch, Gesetz und Verwaltung, 1961,
S. 114, 137 f.). Das gilt insbes. auch für das in Art. 12 I S. 2 vorbehaltene
„Gesetz" (Nachweise hierzu bei Bachof, in: Die Grundrechte III/1 S. 210
Anm. 211; Bachof hält hier entgegen der h. L. ein förmliches Gesetz nur für
erforderlich, wenn und soweit sich eine Regelung wirklich als echte „Ein-
schränkung" des Grundrechts darstelle — vgl. unten Anm. 91).

[83] Auch in seinem Beschluß vom 11. 6. 1963 (NJW 1963, 1771) hat das BVerfG
an dieser Ansicht festgehalten. (Es ging dort um die Frage, ob ein Wahlverteidiger, der als Belastungszeuge in Betracht kommt, deshalb von der
Verteidigung ausgeschlossen werden kann).

[84] Die Literatur hat teilweise gegen diese Entscheidung Bedenken angemeldet — Nachweise bei E. Schmidt, NJW 1963, 1753 (1754).

gestaltig äußert und die freie Verteidigerwahl nur einer von mehreren
Grundsätzen ist, die sämtlich in ihm begründet sind und es sichern sollen" und „daß der Tragweite auch beherrschender Grundsätze Schranken gesetzt sind, wenn ihre ausnahmslose Durchführung andere lebens-
wichtige Grundsätze und Erfordernisse in Frage stellt". Von hier aus
müsse „die Freiheit der Wahl des Verteidigers dort ihre Grenze finden,
wo sie dazu benutzt werden soll, oder doch dazu benutzt werden kann,
einen gefährlichen Angriff gegen die Sicherheit des Staates zu führen".

Der Beschluß konnte sich weder auf Rechtsprechung noch auf Lehre
berufen, folglich auch nicht auf einen speziellen gewohnheitsrechtlichen
Satz. Vom Standpunkte des BVerfG aus müßte er deshalb mangels
rechtlicher Grundlage aufgehoben werden. Ein solches Ergebnis ist un-
befriedigend, denn die Begründung des Beschlusses überzeugt.[85] Es
fragt sich deshalb, ob man ihn nicht als verfassungsmäßig gelten lassen
kann. Das wäre möglich, wenn man von der Regel abginge, jeder Richterspruch, der ein Freiheitsinteresse beeinträchtigt, bedürfe einer speziellen Ermächtigungsnorm, und wenn man stattdessen als Ermächtigungsgrundlage insoweit den genannten elementaren Satz ausreichen
ließe: „Jede Grundrechtsnorm gilt nur, wenn und soweit dem geschützten Freiheitsinteresse keine höherwertigen Interessen entgegenstehen."[86]

Natürlich kann man berechtigte Bedenken dagegen haben, eine solche
ungeschriebene Klausel als Ermächtigungsgrundlage ausreichen zu lassen; wird doch damit im Ergebnis dem Richter, der nach Art. 20 Abs. 3
GG an „Gesetz und Recht" gebunden ist, ein neues Stück „Richtermacht"
eingeräumt und damit das Verhältnis zwischen gesetzgebender und
richterlicher Gewalt verschoben. — Andererseits ist aber zu bedenken,
daß häufig unerwartete kritische Fälle auftreten. Die soeben angeführte
BGH-Entscheidung ist hierfür ein aufschlußreiches Beispiel. Die Gesetzgebung wäre überfordert, wollte man von ihr erwarten, daß sie für
alle solche Fälle im voraus Regelungen trifft. Deshalb läßt sich sehr
wohl die Ansicht vertreten, es entspreche durchaus dem Interesse des
Gesetzgebers, wenn der Richter befugt sei, hier die nach Sachlage an-
gemessene Regelung zu treffen.

Das BVerfG hat denn auch mit Selbstverständlichkeit den Richter für
befugt gehalten, dem „Mißbrauch" einer Grundfreiheit zu wehren.[87]

---

[85] Die Erwägungen des Gerichts beziehen sich zwar nur auf die Freiheit
der Verteidigerwahl, gelten sinngemäß aber in gleicher Weise für die Berufsfreiheit. — Selbst Arndt (NJW 1964, 2146 f.), der die Rechtsprechung des
BVerfG und des BGH zur Entziehung der Verteidigungsbefugnis grundsätzlich
ablehnt, billigt den genannten Beschluß (NJW 1964, 2147 Anm. 12).

[86] Vgl. hierzu E. Kaufmann, Eigentum und Verwaltung (Vortrag 1930),
in: Gesammelte Schriften Bd. 1 (1960) S. 450 ff. (459).

[87] Siehe BVerfG 12, 1 (4).

Eine besondere Ermächtigungsgrundlage für das richterliche Einschreiten hat es insoweit (ohne zu diesem Punkte sich ausdrücklich zu äußern)
offenbar nicht für erforderlich gehalten. — Darin liegt nun freilich ein
Widerspruch zu der Ansicht, die Ausschließung eines Rechtsanwalts als
Strafverteidiger (und zwar wegen Beihilfe zu Straftaten des Mandan-
ten) sei ein „Eingriff" in die freie Berufsausübung des Anwalts, der nach
Art. 12 GG einer gesetzlichen Grundlage bedürfe. Denn „mißbraucht"
nicht ein Anwalt seine Berufsfreiheit, wenn er Straftaten seines Man-
danten fördert?

Es wird hier deutlich: Auch der Richter, der gegen den „Mißbrauch"
einer Grundfreiheit vorgeht, beeinträchtigt damit ein (insoweit freilich
nicht schutzwürdig erscheinendes) Freiheitsinteresse.[88] Die Frage nach
dem Erfordernis einer besonderen Ermächtigungsnorm läßt sich also
nicht einfach dadurch lösen, daß man den Richterspruch einmal als Vorgehen gegen einen „Mißbrauch" bezeichnet (und dieses für ohne weiteres zulässig erklärt), — ein anderes Mal hingegen als „Eingriff" in eine
Grundfreiheit (und hierfür eine besondere Ermächtigungsnorm fordert).
Eine solche Unterscheidung würde jedenfalls erst dann sinnvoll, wenn
sich die Fälle des „Mißbrauchs" von den Fällen des „Eingriffs" eindeutig
abgrenzen ließen.[89] Das BVerfG wird sich daher noch mit der Frage
auseinandersetzen müssen, ob und inwieweit es für einen Richterspruch,
der ein Freiheitsinteresse beeinträchtigt, um ein höherwertiges Interesse zu schützen, überhaupt einer besonderen Ermächtigungsnorm
bedarf.[89a]

---

[88] Und zwar letztlich stets auf Grund einer — oft nicht näher begründeten — Interessenabwägung. Spricht man von „Mißbrauch", so hat man also
damit bereits — oft ohne sich dessen voll bewußt zu werden — eine Wertung
getroffen. In der Arbeit von Gallwas über den „Mißbrauch von Grundrechten" (Diss. München 1962) kommt dies nun deutlich zum Ausdruck. Gallwas
definiert den „Grundrechtsmißbrauch" als „Realisierung des freiheitlichen
Gehalts einer Grundrechtsformulierung, die das Interesse eines anderen am
Grundrechtsverhältnis Beteiligten (Rechtsgenosse, Allgemeinheit und Staat)
verletzt, sofern das verletzte Interesse durch eine im Verhältnis zum ausge-
übten Grundrecht höherrangige Verfassungsnorm, durch eine verfassungs-
rechtliche Grundidee oder durch einen überpositiven Rechtsgedanken objektiv
erkennbar geschützt ist" (a.a.O. S. 49).
[89] Eine klare Abgrenzung ist in den obengenannten Entscheidungen des
BVerfG nicht erfolgt. Die Terminologie ist ansonsten nicht einheitlich. Zum
Teil beschränkt man den Ausdruck „Mißbrauch" auf Fälle, in denen das
Verhalten des Rechtsträgers zu einem besonderen „Unwerturteil" heraus-
fordert (vgl. etwa P. Lerche, Übermaß und Verfassungsrecht, 1961, S. 132).
Vielfach spricht man hingegen ganz allgemein von „Mißbrauch" oder „unzulässiger Rechtsausübung", wenn sich jemand auf ein Grundrecht beruft,
obwohl dem geschützten Freiheitsinteresse höherwertige Interessen entgegenstehen (vgl. etwa das oben S. 26 f. wiedergegebene Zitat von Smend;
Soergel-Siebert, Bürgerl. Gesetzbuch, 1. Bd. 1959, Ziff. 27 vor § 226, S. 759;
Gallwas, Der Mißbrauch von Grundrechten, Diss. München 1962, S. 49).
[89a] Die Frage ist bisher wenig behandelt worden. Gallwas hält den Richter

Wie immer man sich in dieser Frage schließlich entscheidet, wichtig ist vor allem, daß man sich zunächst voll bewußt wird, was die eine oder andere Lösung jeweils bedeutet: Entweder man hält am Erfordernis einer speziellen Ermächtigungsnorm für den Richterspruch fest, der ein Freiheitsinteresse beeinträchtigt. Dann muß man in kritischen Fällen eine solche Norm, etwa durch die Annahme eines „gewohnheitsrecht-lichen Rechtssatzes", zu konstruieren suchen, und, soweit das nicht mög-lich ist, unbefriedigende Ergebnisse in Kauf nehmen. Oder man ver-zichtet auf das Erfordernis einer speziellen Ermächtigungsnorm und erkennt den mehrfach genannten elementaren Satz als ausreichende Ermächtigungsgrundlage an. Dann kann man zwar auch ohne Kon-struktionen befriedigende Ergebnisse erreichen, muß aber einen gewis-sen Zuwachs an Richtermacht in Kauf nehmen.

3. Es bleibt nun noch zu prüfen, ob man auch der vollziehenden Ge-walt das Recht zusprechen kann, trotz Fehlens einer sonstigen gesetz-lichen Grundlage unter Berufung auf jenen elementaren Satz (grund-sätzlich geschützte) Freiheitsinteressen zu beeinträchtigen. Die Frage muß verneint werden.[90] Denn ein fundamentaler Grundsatz, die sog. „Gesetzmäßigkeit der Verwaltung" verbietet, daß der vollziehenden Gewalt durch jenen Satz ungeahnte und schwer kontrollierbare Ein-griffsmöglichkeiten gegeben werden.[91]

Im übrigen ist jener Satz aber auch für die vollziehende Gewalt nicht bedeutungslos. Denn er gibt einen wichtigen Hinweis für die Auslegung von Ermächtigungsnormen, insbesondere für die der polizeilichen Gene-ralklausel, und ermöglicht so eine Klärung der umstrittenen Frage, welche Bedeutung und Tragweite dieser zentralen Norm gegenüber den

---

für befugt, in Fällen des „Grundrechtsmißbrauchs" (zur Definition vgl. Anm. 88) auch bei Fehlen einer ausdrücklichen Ermächtigungsnorm einzuschreiten. Hierbei sei freilich die Macht des Strafrichters durch den Satz „Nulla poena sine lege" begrenzt (Gallwas a.a.O. S. 137 ff.).

[90] Von dem Extremfall des Staatsnotstandes wird hier abgesehen — s. hierzu unten IV. Anm. 40.

[91] Zu dem gleichen Ergebnis in diesem Punkte kommt Bachof, allerdings von anderen Grundlagen her. Er geht davon aus, es seien verschiedene Arten von grundrechtsberührenden Akten der öffentlichen Gewalt zu unter-scheiden, nämlich 1. „echte Einschränkungen", 2. „Konkretisierungen imma-nenter Schranken" und 3. Akte der „inhaltlichen Ausgestaltung und Begren-zung" (Freiheit des Berufs, in: Die Grundrechte III/1, 1958, S. 208 — vgl. hierzu unten IV. Anm. 22). Ein formelles Gesetz hält Bachof nur für erforder-lich, „wenn und soweit sich eine Regelung als ‚Einschränkung' des Grund-rechts darstellt" (S. 210 a.a.O.). Er setzt dann allerdings hinzu: „Unabhängig davon wird freilich jede ‚Regelung', auch wenn sie die Schranken der Frei-heit nicht konstitutiv bestimmt, sondern nur — aber doch immerhin! — verbindlich feststellt, nach dem rechtsstaatlichen Grundsatz der Gesetz-mäßigkeit der Verwaltung (Art. 20 III) der formell gesetzlichen Ermächti-gung bedürfen ..." (S. 211 a.a.O.).

Grundrechtsbestimmungen zukommt. Nach dem Gedanken jenes Satzes kann sich die vollziehende Gewalt zur Rechtfertigung von Maßnahmen nur dann auf die polizeiliche Generalklausel berufen, wenn im konkreten Fall die Beeinträchtigung eines Freiheitsinteresses erforderlich ist, um höherwertige Rechtsgüter zu schützen.[92] Entsprechendes gilt für sonstige Generalklauseln.[93]

---

[92] Vgl. BGH 12, 197 (Beschlagnahme eines kommunistischen Mitteilungsblattes — vgl. oben Anm. 61); im Ergebnis ebenso BVerwG 1, 303 (polizeiliches Aufführungsverbot für den Film „Die Sünderin" — s. oben Anm. 60); Hamel, Die Bedeutung der Grundrechte (1957) S. 45 f.; Maunz-Dürig, Art. 2 I Rdnr. 79 ff.; Nipperdey, a.a.O. (Note 51), S. 815 f.

[93] So z. B. für § 7 PassG. Dieser bestimmt u. a., ein Paß sei zu versagen, wenn der Antragsteller als Inhaber eines Passes die innere oder die äußere Sicherheit oder „sonstige erhebliche Belange" der Bundesrepublik Deutschland oder eines deutschen Landes gefährde. Das BVerwG hat den Begriff „sonstige erhebliche Belange" zutreffend dahin interpretiert, das Gesetz habe damit nur Tatbestände gemeint, die „in ihrer Erheblichkeit den beiden anderen Tatbeständen, wenn auch nicht gleich- so doch nahe kommen", „die so erheblich sind, daß sie der freiheitlichen Entwicklung in der Bundesrepublik aus zwingenden staatspolitischen Gründen vorangestellt werden müssen". — Dieser Auslegung hat das BVerfG im Elfesurteil (BVerfG 6, 32, 43) zugestimmt.

IV. Der „Wesensgehalt" der Grundrechte

Die bisherigen Erwägungen haben ergeben: Der elementare Satz (jede Grundrechtsnorm gilt nur, wenn und soweit dem geschützten Freiheitsinteresse keine höherwertigen Interessen entgegenstehen) bedeutet zwar noch keine Lösung der „Schrankenfrage", ist aber der notwendige Ausgangspunkt für alle Versuche, diese Frage zu lösen.

Im folgenden wird zu zeigen sein, daß jener elementare Satz auch die Lösung des umstrittenen Problems ermöglicht, welche Bedeutung dem Art. 19 Abs. 2 GG zukommt.

Nach jenem Satz sind gesetzliche Regelungen, die ein grundsätzlich geschütztes Freiheitsinteresse beeinträchtigen, immer zulässig, wenn und soweit sie der Schutz höherwertiger Rechtsgüter erfordert.

Hieraus folgt, daß gesetzliche Regelungen, die sich in diesem Rahmen halten, den „Wesensgehalt" eines Grundrechts i. S. des Art. 19 Abs. 2 nicht antasten, und zwar selbst dann nicht, wenn sie im Einzelfall so weit gehen, daß von dem betroffenen Grundrecht „nichts mehr übrig bleibt".[1]

---

[1] Daher hat das Apothekenurteil (BVerfG 7, 377) zutreffend erkannt, daß notfalls voll geeigneten Bewerbern durch sogen. „objektive Zulassungsbedingungen" der Zugang zu einem Beruf versperrt werden kann, wenn dies der Schutz überragend wichtiger Gemeinschaftsgüter zwingend erfordert (S. 405 ff. a.a.O.). — Das BVerwG hat hingegen mehrfach erklärt, daß objektive Zulassungsbedingungen stets den Wesensgehalt der Berufsfreiheit verletzen. Es hat sie freilich trotzdem für zulässig erklärt, soweit sie zum Schutz der „für den Bestand der Gemeinschaft notwendigen Rechtsgüter" erforderlich seien (so erstmals BVerwG 1, 48 (52) — kritisch hierzu etwa Bachof, JZ 1957, 337 Nr. 14; 340 Nr. 31 sowie Dürig, AöR 81 (1956) 135). Seltsam widersprüchlich hat sich das BVerwG in seinem Gutachten zur Verfassungsmäßigkeit des handwerklichen Befähigungsnachweises (NJW 1955, 1773) geäußert. Dort stellte es einerseits fest, „daß der Wesensgehalt der Grundrechte keinesfalls durch solche Eingriffe angetastet werden kann, die in rechtlich vertretbarer Weise den Zweck verfolgen, die Gefährdung anderer Grundrechte oder der für den Bestand der Gemeinschaft notwendigen Rechtsgüter zu verhindern. Denn solche Schranken sind dem Grundrecht immanent". Andererseits erklärt es jedoch zuvor: „Eine Prüfung in der Richtung, ob etwa der Eingriff in das Grundrecht der Freiheit der Berufswahl nach dem sachlichen Anlaß und Grund, der zu dem Eingriff geführt hat, unbedingt geboten ist und eine zwingende Notwendigkeit darstellt, ist ... erst bedeutungsvoll, wenn feststeht, daß das Grundrecht durch den Eingriff überhaupt in seinem Wesensgehalt angetastet wird." Nach der Kritik durch das Apothekenurteil des BVerfG (siehe unten IV. Anm. 28) hat das BVerwG seine Ansicht insoweit aufgegeben und die Grundsätze des Apothekenurteils über-

Von hier aus löst sich bereits ohne weiteres das als „höchste dogmatische Belastungsprobe"[2] erscheinende Problem des Strafvollzuges, insbesondere der lebenslänglichen Freiheitsstrafe[3] sowie der Sicherungsverwahrung und der Unterbringung von Geisteskranken auf Lebenszeit — und zwar ohne daß insoweit auf die Streitfrage eingegangen zu werden braucht, ob unter „Grundrecht" i. S. des Art. 19 Abs. 2 das subjektive öffentliche Recht des Einzelnen oder das Grundrecht *als solches*, also die institutionelle Seite des Grundrechts, zu verstehen ist.[4]

Mit dieser „negativen" Grenzziehung ist freilich die Frage noch nicht voll beantwortet, die es zu lösen gilt: Wann ist der „Wesensgehalt" i. S. des Art. 19 Abs. 2 GG angetastet?

Die richtige Antwort wird sich nur gewinnen lassen, wenn man sich den Sinn und Zweck dieser Vorschrift im Rahmen des Verfassungsganzen verdeutlicht, was zugleich eine Überwertung des Wortlautes („Wesensgehalt")[5] ausschließt. Hierzu gilt es, sich ein Doppeltes klarzumachen, nämlich (1.) den Sinn der Grundrechte und (2.) die in diesem Zusammenhang wichtigen systematischen Probleme des Grundrechtsteiles.

1. Oberstes Ziel des Grundgesetzes ist es, eine freiheitliche und gerechte Gesamtordnung zu ermöglichen. Eine solche Ordnung läßt sich

---

nommen (BVerwG 7, 287; vgl. auch BVerwG 7, 361). — Siehe im übrigen etwa W. Hamel, Die Bedeutung der Grundrechte im sozialen Rechtsstaat (1957) S. 34, 38 ff.; Maunz-Dürig, Art. 2 I Rdnr. 76, 82 und Art. 2 II Rdnr. 13 ff.

[2] Maunz-Dürig, Art. 2 I Rdnr. 78, S. 67 Anm. 2. Nach Dürig gibt es „wohl nur die eine Lösung, daß man insoweit in Art. 104 eine in der gleichen Verfassungsebene beheimatete Ausnahmevorschrift zur Art. 19 Abs. 2 erblickt." Aufschlußreich ferner etwa W. Leisner, Grundrechte und Privatrecht (1960) S. 157 Anm. 100.

[3] Zutreffend etwa Hamel, Die Bedeutung der Grundrechte (1957) S. 47.

[4] Siehe zu dieser Streitfrage etwa v. Mangoldt-Klein, S. 554; P. Lerche, Übermaß und Verfassungsrecht (1961) S. 237 ff. — Die Ansicht, Art. 19 Abs. 2 schütze nur das Grundrecht *als solches*, führt praktisch zu einer weitgehenden Entwertung der Vorschrift. So würde Art. 19 Abs. 2 den Gesetzgeber z. B. nicht daran hindern, nach der (jetzt vielfach geforderten) Aufhebung des Art. 102 GG („Die Todesstrafe ist abgeschafft") die Todesstrafe für Diebstahl oder ein ähnliches Delikt einzuführen. Denn das „Recht auf Leben" (Art. 2 II) *als solches* würde dadurch ja nicht ernstlich beeinträchtigt! Desgleichen könnte der Gesetzgeber unbekümmert um Art. 19 Abs. 2 den Zugang für bestimmte Berufe nach seinem Gutdünken völlig sperren, solange nur das Recht der freien Berufswahl (Art. 12) *als solches* intakt bliebe. Der Gesetzgeber würde also durch Art. 19 Abs. 2 nicht daran gehindert, für bestimmte Sachverhalte Regelungen, die die Freiheitsinteressen beeinträchtigen, *nach seinem Belieben* zu treffen. Art. 19 Abs. 2 böte dem Richter keine Handhabe, eine gesetzliche Regelung auf ihre *sachliche Berechtigung* hin zu überprüfen. Eine solche ihn entwertende Auslegung wird dem Sinn des Art. 19 Abs. 2 nicht gerecht.

[5] Vgl. BGH DÖV 1955, 729 (730).

nur begründen, wenn sie auf der Selbstbestimmung des Einzelnen aufbaut, also vom Grundsatz der „Privatautonomie" ausgeht. Die Grundrechtsnormen sind in diesem Zusammenhang zu sehen: Sie garantieren die „Privatautonomie"[6] und damit einerseits die Möglichkeit selbständiger, eigenverantwortlicher Lebensgestaltung für den Einzelnen,[7] andererseits eine freiheitlich strukturierte, von unten nach oben sich aufbauende Sozialordnung. Die Grundrechte haben also eine individuelle und eine institutionelle Seite.[8] [9]

---

[6] Es lassen sich zwei verschiedene Bereiche der Privatautonomie unterscheiden, nämlich „individuelle" Privatautonomie (selbstverantwortliche Gestaltung des eigenen rechtlich abgesonderten Lebenskreises) und „soziale" Privatautonomie (selbständige Regelung der rechtlichen Beziehungen zu anderen) — s. hierzu näher Fritz v. Hippel, Das Problem der rechtsgeschäftlichen Privatautonomie (1936) S. 69. — Das „Privatrecht", auf dessen Boden und mit dessen Mitteln sich die Selbstbestimmung des Einzelnen weithin vollzieht, setzt Anerkennung und Schutz gewisser Grundfreiheiten und Institute (so etwa der Vertrags-, Eigentums- und der Testierfreiheit sowie der Ehe und Familie) voraus.

[7] Diese Feststellung bezieht sich primär auf die sog. „Freiheitsrechte". Diese werden bekanntlich oft durch „soziale" Grundrechte ergänzt, die ein gewisses Existenzminimum als Voraussetzung für ein menschenwürdiges Dasein garantieren sollen. (S. näher Hans Huber, Soziale Verfassungsrechte?, in: Die Freiheit des Bürgers im schweizerischen Recht, 1948, S. 149 ff.; van der Ven, Soziale Grundrechte, 1963). Die hinzukommenden „politischen" Grundrechte (zu deren Bedeutung: Karl Loewenstein, Verfassungslehre, 1959, S. 334) sollen es dem Einzelnen ermöglichen, über seinen eigenen Lebenskreis hinaus auch die Gestaltung des Gemeinwesens mitzubestimmen.

[8] Um sich dies voll zu veranschaulichen, braucht man nur ein Gemeinwesen zu betrachten, in dem die Grundrechte nicht gelten, so etwa die rotchinesische „Kommune" oder den Staat des „großen Bruders", wie ihn Orwell in seinem berühmten Roman „1984" entwirft. — Auf die institutionelle Seite der Grundrechte haben insbes. Erich Kaufmann und Rudolf Smend wiederholt aufmerksam gemacht — s. Kaufmann, Die Gleichheit vor dem Gesetz i. S. des Art. 109 WRV, VVDStRL 3, 2 ff. (15); Diskussionsbeitrag in VVDStRL 4, 77 ff; Gesammelte Schriften, Band 1 (1960) S. 520 f., 591 ff.; Smend, Das Recht der freien Meinungsäußerung, VVDStRL 4, 44 ff. (50), abgedr. auch in Staatsrechtl. Abhandlungen (1955) S. 89 ff. (95). Vgl. auch Max Weber, Wirtschaftsgeschichte, 2. Aufl. 1924, S. 289 ff. — Aus der neuesten Literatur s. insbes. W. Hamel, Die Bedeutung der Grundrechte im sozialen Rechtsstaat (1957) S. 1 ff., bes. 18 ff., sowie P. Häberle, Wesensgehaltgarantie (1962), der den „Doppelcharakter" der Grundrechte unter Rückgriff insbes. auf die Institutionentheorie von Hauriou und das Rechtsdenken E. Kaufmanns herausarbeitet (a.a.O. S. 70 ff.). — Die Diskussion über die „institutionelle" Seite der Grundrechte ist noch im Fluß, wie u. a. auch die Staatsrechtslehrertagung in Saarbrücken (1963) gezeigt hat. [Siehe den Bericht in DÖV 1963, 865. — Vor einer Überwertung der institutionellen Seite warnt z. B. Denninger, JZ 1963, 424 (Besprechung der Arbeit von Häberle)]. Es sei hier gegenüber den manchmal allzu weit getriebenen Abstraktionen an den nüchternen Hinweis Nawiaskys erinnert, es komme rechtlich doch nur auf Verhaltensnormen an; die Institution könne nur die Bedeutung haben, daß in ihr die Gedanken enthalten sind, die für die Auffassung der Verhaltensnormen maßgebend sind (Diskussionsbeitrag in VVDStRL 4, 90 f.).

[9] Neben den Grundrechten dienen eine Reihe von anderen Institutionen, die heute als Charakteristikum des „Rechtsstaats" angesehen werden (vgl.

Aus diesem Sinn der Grundrechte ergibt sich als eine selbstverständliche Forderung, daß den Grundrechtsnormen, auch wenn und soweit sie Gesetzesvorbehalte enthalten, stets ein möglichst weiter Geltungsraum belassen wird, daß der Schutz der einzelnen genannten Freiheitsinteressen also nur versagt wird, wenn und soweit dies erforderlich ist, um höherwertige Rechtsgüter zu schützen.

Von hier aus ist der oben (S. 25 f.) genannte Satz folgendermaßen zu ergänzen: „Jede Grundrechtsnorm gilt *zwar* nur, aber *auch immer*, wenn und soweit dem geschützten Freiheitsinteresse keine höherwertigen Interessen entgegenstehen." Will man den gleichen Gedanken aus der Sicht des Art. 19 Abs. 2 formulieren, so ergibt sich der folgende Satz: „In keinem Falle darf ein grundsätzlich geschütztes Freiheitsinteresse stärker beeinträchtigt werden, als dies zum Schutze höherwertiger Rechtsgüter erforderlich ist."[10]

Dieser Satz ergäbe sich, wie etwa die amerikanische Rechtsprechung zeigt,[11] ohne weiteres, wenn das Grundgesetz auf ausdrückliche Vorbehalte verzichtet und es damit von vornherein voll der Rechtsprechung überlassen hätte, den Geltungsbereich der Grundrechtsnormen herauszuarbeiten, d. h. zu klären, unter welchen Umständen und inwieweit die in den Grundrechtsnormen genannten Freiheitsinteressen jeweils zu schützen sind.

Hieran zeigt sich klar, daß die Frage, die Art. 19 II zu beantworten sucht (nämlich: „Wie kann man die dem Gesetzgeber eingeräumte Regelungsbefugnis sachgerecht begrenzen?") ihrerseits schon *die Abfolge einer bestimmten Systematik* ist. Es führt dies auf einen weiteren wichtigen Punkt, den es in diesem Zusammenhang näher zu betrachten verlohnt, nämlich auf die Probleme, die mit der Systembildung des Grundrechtsteils verbunden sind.

2. Jede Verfassung, die Grundrechtsnormen aufstellen will, muß zwischen verschiedenen gesetzestechnischen Möglichkeiten wählen. Sie hat hierbei die folgenden Fragen zu entscheiden:

Scheuner, in: Recht, Staat, Wirtschaft III, 1951, S. 152 ff.), dem gleichen Ziel des Freiheitsschutzes, so insbesondere die Prinzipien der „Gewaltenteilung" und der „Gesetzmäßigkeit der Verwaltung". Man darf diese funktionell zusammengehörenden Einrichtungen nicht als voneinander unabhängig auffassen. Vgl. etwa Hermann Heller, Staatslehre (1934) S. 273 und siehe näher Nawiasky, Allg. Staatslehre (1956) 3. Teil, S. 123 ff.

[10] Das Grundgesetz hat den Gedanken der Güterabwägung und der Verhältnismäßigkeit nur ausnahmsweise (nämlich in Art. 11 II, 13 III und 14 III) zum Ausdruck gebracht. Es unterscheidet sich insoweit von zahlreichen Landesverfassungen und der Europäischen Konvention zum Schutze der Menschenrechte (Nachweise bei Häberle, Wesensgehaltgarantie, 1962, S. 143 f.).

[11] Siehe oben I Anm. 28.

1. Soll man sich auf eine (die individuelle Freiheit grundsätzlich garantierende) Generalklausel beschränken und deren Ausfüllung und Konkretisierung dann der Rechtsprechung überlassen?[12]

2. Oder soll man die einzelnen Freiheitsrechte in einem Katalog möglichst „kasuistisch" aufzählen?[13]

3. Oder soll man Generalklausel und kasuistische Regelung kombinieren, indem man einer Grundregel einen Katalog der wichtigsten Freiheitsrechte anfügt?[14]

Wie immer man sich insoweit entscheidet, sogleich stellt sich die Frage: Für welche konkreten Fälle sollen die Grundrechtsnormen gelten?

Sofern man diese Frage nicht einfach (wie z. B. die US-Verfassung) offenläßt und damit ihre Lösung von vornherein voll der Rechtsprechung zuweist, kann man sie durch Anfügung von Vorbehalten zu lösen suchen, die, wie das Grundgesetz und sonstige Verfassungen zeigen, sehr verschieden formuliert werden können.[15]

Diese Vorbehalte verbürgen nun zwar — vor allem wenn es sich um die denkbar weit gefaßten allgemeinen Gesetzesvorbehalte handelt —

---

[12] Eine derartige Generalklausel könnte etwa lauten: „Jedermann ist berechtigt, alles zu tun, was weder anderen noch der Allgemeinheit schadet" [vgl. hierzu die oben I Anm. 2 zitierten Bestimmungen sowie die von Karl Brinkmann an Stelle eines Grundrechtskataloges befürwortete „Allgemeinnorm": „Der Einzelne soll frei sein, soweit dies (er) gerecht ist; er soll unfrei sein, soweit sein Freisein (er) ungerecht ist" (K. Brinkmann, Freiheit und Verfassung, 1963, S. 268 ff., 306 ff. — besprochen von Klaus Müller in: Der Staat 3 (1964) S. 373)]. Eine solche Klausel würde dem Richter ähnliche Probleme stellen, wie sie sich für ihn im zivilrechtlichen Bereich beim Ausgehen von der deliktsrechtlichen Generalklausel ergeben („Wer einem anderen rechtswidrig und schuldhaft Schaden zufügt, ist zu dessen Ersatz verpflichtet" — s. etwa Art. 1382, 1383 des französischen Code civil und dazu E. v. Caemmerer, Wandlungen des Deliktsrechts, in: Hundert Jahre deutsches Rechtsleben, Festschrift zum hundertjährigen Bestehen des deutschen Juristentages, Bd. 2 (1960) S. 49, 65 ff.). Hier wie dort muß der Richter Umfang und Grenzen der menschlichen Handlungsfreiheit bestimmen. Dabei geht er freilich von verschiedenen Fragestellungen aus — nämlich im Deliktsrecht von der Frage: Hat sich jemand durch ein bestimmtes Verhalten schadensersatzpflichtig gemacht?; im Verfassungsrecht hingegen von der Frage: Ist eine bestimmte staatliche Beschränkung der individuellen Freiheit zu Recht erfolgt?

[13] Vgl. insoweit z. B. die Regelung der Weimarer Verfassung, II. Hauptteil, Art. 109 ff.

[14] Für diese Lösung hat sich das Bonner Grundgesetz entschieden, indem es dem Grundtatbestand des Art. 2 Abs. 1 eine Reihe von Vorschriften anfügte, in denen die wichtigsten Freiheitsrechte besonders normiert werden. Zur Begründung nicht ausdrücklich genannter Rechte kann auf Art. 2 I zurückgegriffen werden (vgl. BVerfG 6, 32 — Ausreisefreiheit; BVerfG 8, 274, 328 — Vertragsfreiheit).

[15] Siehe Art. 2 ff. GG sowie die Regelungen der in I. Anm. 5 genannten Verfassungen.

die Möglichkeit sachgerecht differenzierender gesetzlicher Regelungen, die der Vielfalt und dem Wandel der Lebensverhältnisse Rechnung tragen.

Andererseits besteht nun aber die Gefahr, daß der Gesetzgeber den Geltungsbereich der Grundrechtsnormen auf Grund jener Vorbehalte nach Belieben einschränkt und damit (i. S. der gebräuchlichen Terminologie) die Grundrechte im Extremfall so „aushöhlt", daß sie praktisch „leerlaufen". Diese Gefahr mochte einer Zeit verborgen bleiben, die der Integrität des Parlaments voll vertraute und unter dem Eindruck allzu weit getriebener Harmonisierungsversuche Rousseaus das Gesetz als Ausdruck des „Gemeinwillens" (volonté générale) idealisierte.[16] Sie ist uns dafür inzwischen durch schmerzliche Erfahrungen um so deutlicher geworden.

Darum stellt sich heute dringlich die Frage, wie man dieser Gefahr begegnen kann.

Offensichtlich ist das nur dadurch möglich, daß man die Funktion des Gesetzgebungsvorbehaltes deutlich macht 'und damit die natürliche Grenze der scheinbar schrankenlosen „Regelungsbefugnis" aufzeigt:

Der Gesetzesvorbehalt soll der sachgerechten „Ausführung" der Grundrechtsnormen dienen, die im ganzen ja nur Richtlinien geben können. Er soll ermöglichen, daß der Geltungsbereich der abstrakt gefaßten Sätze auf Grund einer sorgfältigen Analyse der jeweiligen Lebensverhältnisse und einer gerechten Abwägung aller jeweils beteiligten Interessen herausgearbeitet wird. Im Sinne der bisherigen Terminologie soll er eine sachgerechte „Ausgestaltung und Begrenzung" der Grundrechte ermöglichen, nicht aber sie zur beliebigen Disposition des Gesetzgebers stellen.

[Nach der überkommenen Staatsrechtslehre bedeutet der „Gesetzesvorbehalt" die Ermächtigung des Gesetzgebers zu „echten Eingriffen in die eigentliche Grundrechtssphäre".[17] Demgegenüber hat etwa Willi Geiger darauf hingewiesen, daß die Gesetzesvorbehalte nur der „Mißdeutung" begegnen, die Grundrechte gälten „grenzenlos": „Ihre Bedeutung liegt nicht in einer Einschränkung des Grundrechts, sondern in der Konkretisierung der Schranken des Gesetzgebers und der Exekutive." Die in den Grundrechtsvorschriften enthaltenen „Vorbehalte" seien also „nicht eigentlich echte Einschränkungen der Grundrechte, sondern

---

[16] Bezeichnend insoweit Art. 6 der Déclaration des droits de l'homme et du citoyen von 1789: „La loi est l'expression de la volonté générale" — und als einzige ausdrückliche Schranke für diesen „Gemeinwillen" wurde dann der Gleichheitssatz aufgerichtet: „Elle doit être la même pour tous."

[17] Maunz, Deutsches Staatsrecht, 13. Aufl. 1964, S. 100.

zusätzliche Sicherungen der Grundrechte".[18] In der Weimarer Zeit hatte schon Albert Hensel zu dem Problem bemerkt: „Es wäre vielleicht eine dankenswerte Aufgabe, für das Grundrechtssystem ganz allgemein zu untersuchen, was der Gesetzesvorbehalt bezweckt und wie er nach seinem Zweck im einzelnen ausgelegt werden muß. Man kann ihn natürlich formallogisch oder ... ‚streng juristisch' behandeln: dem (Reichs- oder Landes-)Gesetzgeber ist die Abweichung verstattet, ihm allein ist es also überlassen, in welchem Falle er abweichen und wie weit er die Abweichung ausdehnen will. Vielleicht könnte aber doch durch vertiefte Einsicht aus dem Charakter der ‚Ausnahme', die der Gesetzesvorbehalt zuläßt, zum mindesten eine Schranke für den Gesetzgeber selbst gewonnen werden ..."[19] Wenige Jahre später forderte Hensel eine Ergänzung der herrschenden formalen Vorbehaltstheorie „aus dem den Grundrechten innewohnenden Wertgedanken heraus": „Sie müßte etwa dahingehend formuliert werden, daß der Gesetzgeber, wenn er von dem Vorbehalt Gebrauch macht, den Wert der grundrechtlichen Entscheidung unangetastet lassen muß; die Ausnahme hat die Regel zu bestätigen, hat sich dem in ihr beschlossenen Werte gegenüber selbst als werthaft, als höherwertig zu rechtfertigen. Die werthafte Einheit, welche die Verfassung darstellt, zum mindesten darstellen soll, darf auch durch Ausübung des Vorbehaltsrechts nicht gesprengt werden ... Durch eine solche materiell begründete Theorie vom Gesetzesvorbehalt werden viele der angeblich leerlaufenden Grundrechte auf eine ihrer verfassungsrechtlichen Bedeutung entsprechende Rang- und Wertstufe erhoben. Der Gesetzgeber ist an die in ihnen liegenden Grundentscheidungen gebunden ... Wissenschaftliche Auslegung hat zu erforschen, wie weit die Grenzlinie wirklicher Entscheidungsfreiheit jeweils reicht."[20] In die gleiche Richtung weisen Äußerungen aus jener Zeit von Rudolf Smend, Erich Kaufmann und Gustav Giere.[21] Diese Gedanken weitergeführt und die Funktion des Gesetzesvorbehalts gegenüber mancherlei traditionellen Fehlvorstellungen herausgearbeitet zu haben, ist ein Verdienst der Arbeit von Peter Häberle.[22] [23]]

---

[18] Geiger, Artikel Grundrechte, Staatslexikon, 3. Band, 6. Aufl. 1959, Sp. 1128.

[19] Hensel, Grundrechte und Rechtsprechung, in: Die Reichsgerichtspraxis im deutschen Rechtsleben (1929) S. 1 ff. (31).

[20] Hensel, Die Rangordnung der Rechtsquellen, 1932, HdBDStR II S. 313 ff. (316 Anm. 2).

[21] Smend, Das Recht der freien Meinungsäußerung (Bericht 1927), VVDStRL 4 (1928) S. 44 (51 ff.); Kaufmann, Eigentum und Verwaltung (Vortrag 1930), in: Gesammelte Schriften Bd. 1 (1960) S. 450 ff. (453 f.); Giere, Das Problem des Wertsystems der Weimarer Grundrechte, Abhandlungen der Rechts- und Staatswissenschaftlichen Fakultät der Universität Königsberg, Heft 3 (1932) S. 116 ff.

[22] Häberle, Die Wesensgehaltgarantie des Art. 19 Abs. 2 Grundgesetz (1962) S. 126 ff. (mit ausführlichen Nachweisen). Freilich leidet Häberles Darstellung

Oben wurde festgestellt, daß der Gesetzesvorbehalt eine sachgerechte „Ausgestaltung und Begrenzung" der Grundrechte ermöglichen soll.

Sachgerecht aber kann eine solche „Ausgestaltung und Begrenzung" immer nur sein, wenn und soweit sie dem Schutze höherwertiger Rechtsgüter dient.

Damit finden wir die Richtigkeit des schon oben (S. 50) formulierten Gedankens bestätigt: „In keinem Falle darf ein grundsätzlich geschütztes Freiheitsinteresse stärker beeinträchtigt werden, als dies zum Schutze höherwertiger Rechtsgüter erforderlich ist."

Dieser Gedanke ist es auch, der dem Apothekenurteil zugrunde liegt. Bekanntlich hat dieses Urteil die Regelungsbefugnis des Gesetzgebers durch eine Auslegung begrenzt, die dem „Sinn des Grundrechts und seiner Bedeutung im Rahmen des sozialen Lebens"[24] Rechnung trägt. Das BVerfG war sich hierbei freilich offenbar nicht klar darüber, daß der von ihm aus grundsätzlichen Erwägungen unabhängig von Art. 19 II GG gewonnene Gedanke gerade dem Sinn dieser Vorschrift entspricht.[25] Das Gericht hat den Art. 19 II aus seinen Erwägungen bewußt ausge-

---

darunter, daß er noch (wie die bisherige Lehre) von „den" „Grundrechten" ausgeht anstatt von den Grundrechtsnormen. Von diesem seinem Ausgangspunkt her kommt er zu der fragwürdigen Unterscheidung zwischen „zwei Grundkategorien" von Gesetzesvorbehalten, nämlich zwischen Vorbehalten, „die dem Gesetzgeber den Weg eröffnen, das Grundrecht gegen gleich- und höherwertige Rechtsgüter abzugrenzen" einerseits (sog. „Begrenzungs- oder Güterabwägungsvorbehalte"), und Vorbehalten, „die den Gesetzgeber zu leitbildgerechter) inhaltlicher Ausgestaltung von Grundrechten ermöglichen — Ausgestaltungsvorbehalte(n)" andererseits (S. 140 ff.). Dieser Unterscheidung, die zuvor etwa auch Bachof (in: Die Grundrechte III/1, 1958, S. 208) getroffen hat — (Bachof unterscheidet sogar zusätzlich noch Gesetzesvorbehalte, die zu „echten Einschränkungen" ermächtigen) — kann nicht gefolgt werden. Denn die Gesetzesvorbehalte haben, wie immer sie formuliert sein mögen, *stets ein und dieselbe Funktion:* sie sollen dem Gesetzgeber ermöglichen, den Geltungsbereich der abstrakt gefaßten Grundrechtsnormen auf Grund einer sorgfältigen Analyse der jeweiligen Lebensverhältnisse und einer gerechten Abwägung aller jeweils beteiligten Interessen herauszuarbeiten. Auch Häberle erkennt das letztlich an, wenn er später (im Anschluß an Hamel) erklärt, jede „Begrenzung eines Grundrechts" sei zugleich „ein Stück Inhaltsbestimmung" und umgekehrt (S 179 a.a.O.).

[23] Für das österreichische Verfassungsrecht betont jetzt Ermacora (Handbuch der Grundfreiheiten und der Menschenrechte, 1963, S. 18) entsprechend, der Verfassungsgerichtshof habe einem willkürlichen Gebrauch des Gesetzesvorbehalts zu wehren und die angemessenen Grenzen „aus dem Geist der Grundrechte" zu entwickeln.

[24] BVerfG 7, 377 (409); vgl. auch schon das Lüthurteil (BVerfG 7, 198).

[25] Schon Bachof hat betont, die vom BVerfG im Apothekenurteil durchgeführte Sinnerschließung des Grundrechts sei „nichts anderes ... als die Erschließung seines Wesensgehalts" (Freiheit des Berufs, in: Die Grundrechte III/1, 1958, S. 145 ff., 215). Siehe auch Häberle, a.a.O. S. 61.

klammert[26] — offenbar wollte es sich noch nicht auf eine bestimmte Deutung dieser umstrittenen Vorschrift festlegen.[27] So hat es sich darauf beschränkt, in einem obiter dictum die sog. „relative Theorie" des BGH und gewisse Ansichten des BVerwG abzulehnen,[28] ohne jedoch darüber

---

[26] „Von dem hier eingenommenen Standpunkt aus kann dahingestellt bleiben, ob aus dem Verbot der Antastung des Wesensgehalts der Grundrechte sich weitere Grenzen für den Regelungsgesetzgeber des Art. 12 Abs. 1 Satz 2 ergeben würden und wie sie im einzelnen zu ziehen wären. Denn die vorstehenden Darlegungen haben ergeben, daß bereits eine dem Sinn des Grundrechts und seiner Bedeutung im Rahmen des sozialen Lebens Rechnung tragende Auslegung zu einer sachgemäßen Begrenzung der Regelungsbefugnis des Gesetzgebers führt" (BVerfG 7, 409). — Im Urteil zum handwerklichen Befähigungsnachweis entzog sich das Gericht einer Stellungnahme zu Art. 19 Abs. 2 mit einer anderen Begründung: „Wenn Art. 12 Abs. 1 GG den Gesetzgeber zu ‚Regelungen' ermächtigt, so bringt er deutlich zum Ausdruck, daß solche Gesetze nicht ‚Einschränkungen' i. S. des Art. 19 sind ... Damit scheidet die Anwendung sowohl des Art. 19 Abs. 2 wie des Abs. 1 Satz 2 GG aus" (BVerfG 13, 97, (122) = NJW 1961, 2011, 2015). — Dieses „Verbalargument" kann nicht überzeugen, geht es doch (wie oben unter I. dargelegt) bei sämtlichen gesetzlichen Regelungen, die ein Grundrecht betreffen, mag man sie nun als „Regelungen", „Einschränkungen" oder „Begrenzungen" des Grundrechts bezeichnen, stets um die gleiche Frage: um die Frage nämlich, unter welchen Umständen und inwieweit das in einer Grundrechtsnorm genannte Freiheitsinteresse geschützt werden soll (vgl. W. Hamel, Die Bedeutung der Grundrechte, 1957, S 41 ff.).

[27] Darstellungen des Streitstandes finden sich etwa bei v. Mangoldt-Klein (1957) S. 554 ff. und P. Lerche, Übermaß und Verfassungsrecht (1961) S. 34 ff., 236 ff. — In dem Meinungsstreit über die Bedeutung des Art. 19 II stehen sich bekanntlich „relative" und „absolute" Theorie gegenüber. Der BGH hat als Vertreter der „relativen Theorie" seine Ansicht folgendermaßen formuliert: „Ein Grundrecht wird durch einen gesetzlichen Eingriff dann in seinem Wesensgehalt angetastet, wenn durch den Eingriff die wesensmäßige Geltung und Entfaltung des Grundrechts stärker eingeengt würde, als dies der sachliche Anlaß und Grund, der zu dem Eingriff geführt hat, unbedingt und zwingend gebietet. Der Eingriff darf also nur bei zwingender Notwendigkeit und in dem nach Lage der Sache geringstmöglichen Umfang vorgenommen werden und muß zugleich von dem Bestreben geleitet sein, dem Grundrecht gleichwohl grundsätzlich und im weitestmöglichen Umfang Raum zu lassen" (so etwa BGHSt 4, 375 (377) = DVBl. 1953, 370 (371) betr. Gutachten über die Zulässigkeit des Impfzwangs; sowie BGH DÖV 1955, 729, 730 f.). — Hingegen beurteilt sich nach Ansicht der „absoluten Theorie" die Frage, ob ein Grundrecht in seinem Wesensgehalt angetastet wird, „nicht nach dem Zweck oder Grund der Beschränkung, sondern ausschließlich danach, was nach der Beschränkung von dem Grundrecht überhaupt übrigbleibt" [so etwa BVerwG 1, 269 (273) = NJW 1955, 763 — freilich berücksichtigte letztlich auch das BVerwG den Zweck und Grund der „Beschränkung" durch den Satz: „Allerdings gehört es zum Inbegriff aller Grundrechte ..., daß sie nicht in Anspruch genommen werden dürfen, wenn dadurch die für den Bestand der Gemeinschaft notwendigen Rechtsgüter gefährdet werden" (s. hierzu näher oben IV. Anm. 1)]. — Eine weitere Ansicht zu Art. 19 II vertritt Dürig. Er versucht, diese Vorschrift durch Bezugnahme auf Art. 1 zu präzisieren: „Der Grundrechtsträger darf nicht zum Objekt des staatlichen Geschehens gemacht werden" (Dürig, Der Grundsatz von der Menschenwürde, 1956, AöR 81, 177 ff., 136).

[28] „Namentlich geht es nicht an, mit dem Bundesverwaltungsgericht anzunehmen, die unabweisbare Notwendigkeit einer gesetzlichen Maßnahme müsse deshalb geprüft werden, weil von ihrer Anerkennung die Zulässigkeit des

hinaus „positiv" zu Art. 19 II Stellung zu nehmen.[29]

Der Sache nach ist es jedoch der von ihm abgelehnten Theorie des BGH gefolgt. Denn die von ihm für maßgeblich erklärten Grundsätze der Güterabwägung und der Verhältnismäßigkeit sind ja gerade die Gedanken, die der „relativen Theorie" zugrunde liegen.[30]

Diese Gedanken lassen sich in dem bereits zuvor formulierten Satz zusammenfassen: „In keinem Falle darf ein grundsätzlich geschütztes Freiheitsinteresse stärker beeinträchtigt werden, als dies zum Schutze höherwertiger Rechtsgüter erforderlich ist."[31]

Eingriffs in den Wesensgehalt eines Grundrechts abhänge... Denn der Wesensgehalt eines Grundrechts darf nach dem klaren Wortlaut des Art. 19 Abs. 2 GG ‚in keinem Fall' angetastet werden... Aber auch der Auffassung des Bundesgerichtshofs... kann sich das Bundesverfassungsgericht nicht anschließen, weil sie geeignet ist, den Wesensgehalt der Grundrechte zu relativieren..." (BVerfG 7, 411).

[29] Aus den bisher vorliegenden Äußerungen des Gerichts läßt sich nicht eindeutig entnehmen, welche Vorstellungen es sich über Art. 19 II gebildet hat. Das obige Zitat (s. Anm. 28) und der dortige Verweis auf Klein, einen Vertreter der absoluten Theorie, sowie ein Hinweis im Elfesurteil (BVerfG 6, 32 (41): Art. 19 Abs. 2 garantiere einen „letzten unantastbaren Bereich menschlicher Freiheit") berechtigen zu der Annahme, das Gericht neige der absoluten Theorie zu (vgl. auch die Äußerung zu Art.19 Abs. 2 in BVerfG 2, 266 (285). — Der Sache nach folgt das BVerfG freilich der (von ihm abgelehnten!) relativen Theorie (s. hierzu den weiteren Text).

[30] Daß die „relative Theorie" nicht nur auf dem Gedanken der Verhältnismäßigkeit, sondern auch auf dem Gedanken der Güterabwägung beruht — (vgl. BGH DÖV 1955, 729 (Gutachten) 2. Leitsatz: „übergeordnete Rechtsgründe"; und zuvor schon BGHSt 4, 375 (378): der Impfzwang beruhe auf einer „zwingenden übergeordneten Notwendigkeit") — ist von ihren Kritikern (vgl. etwa Herbert Krüger, DÖV 1955, 598; Dürig, AöR 81, 135; Bachof, JZ 1958, 469) freilich oft übersehen worden. Das liegt wohl daran, daß der BGH den Gedanken der Güterabwägung (Höherwertigkeit der zu schützenden Interessen) nicht hinreichend herausgestellt hat. Einige Gutachten stellen nur darauf ab, daß der sachliche Grund und Anlaß die „Einschränkung" zwingend gebieten muß — vgl. etwa BGHSt 4, 385 (392) — erwähnen hingegen nicht ausdrücklich, daß nur ein Rechtsgut, das dem betroffenen Grundrecht übergeordnet ist, ein solcher sachlicher Grund und Anlaß sein kann. Doch wird dies stets vorausgesetzt (Hamel, Die Bedeutung der Grundrechte, 1957, S. 40).

[31] Die Bedeutung des Apothekenurteils (BVerfG 7, 377) geht also über den Bereich des Art. 12 weit hinaus. Darauf hat Bachof schon in seiner Besprechung des Urteils (JZ 1958, 468) hingewiesen („Wegweiser... für die Grundrechtsinterpretation überhaupt"). — Allerdings kann der obengenannte Satz die Gedanken des Apothekenurteils nur in einer gewissen Vergröberung zusammenfassen. Denn er bringt das von diesem Urteil ausgesprochene „Differenzierungsgebot" nicht zum Ausdruck. Aber das ist kein Einwand gegen die Richtigkeit des Satzes. Eine Generalklausel — und um eine solche handelt es sich hier — ist zwangsläufig grobmaschig. Worauf es ankommt ist die Art, in der die Klausel konkretisiert wird. Und insoweit — bei der Konkretisierung — sind die vom Apothekenurteil herausgearbeiteten Gesichtspunkte („Differenzierungsgebot" und „Stufentheorie") ganz allgemein richtungweisend (s. näher unten S. 60 ff.). — Daß es sich bei dem obengenannten Satz um einen elementaren, an kein positives Rechtssystem gebundenen Grundgedanken handelt, zeigt ein vergleichender Blick auf die amerikanische und die schweizerische Rechtsprechung (vgl. oben I. Anm. 28; unten IV. Anm. 60).

Dieser Satz entspricht dem Sinn des Art. 19 Abs. 2, garantiert er doch einen optimalen Schutz der Freiheitsrechte: Anders als die „absolute Theorie" schützt er sie nämlich nicht nur innerhalb eines „Kernbereichs", sondern ganz allgemein gegen unberechtigte Beeinträchtigungen.[32] Und auch hinsichtlich des „Kernbereichs" ist der von ihm verbürgte Schutz nicht weniger intensiv als der der „absoluten Theorie". Das wird von deren Anhängern freilich bestritten: sie versprechen — im Gegensatz zur „relativen Theorie" — für den „Kernbereich" einen angeblich „absoluten" Schutz.[33] Aber sie können dieses Versprechen nicht einlösen, müßten sie sonst doch entschlossen sein, „lieber unterzugehen, als selbst in der gefährlichsten Krise diesen Wesensgehalt aufzuopfern".[34] Es bleibt ihnen deshalb nichts anderes übrig, als den „Kernbereich" entweder von vornherein so zu verengen, daß er auch durch weitreichende Regelungen nicht angetastet erscheint,[35] oder ihr Urteil, der „Kernbereich" sei angetastet, im Bedarfsfalle mit Hilfe einer nachgeschobenen Güterabwägung zu korrigieren.[36]

Es zeigt sich hier eindrucksvoll, daß auch die Anhänger der absoluten Theorie nicht um eine wertende Abwägung herumkommen. Und da diese wertende Abwägung nun einmal sowohl unvermeidlich als auch allein sachgerecht ist, sollte man sie von vornherein unmittelbar zum entscheidenden Prinzip erheben, anstatt sie nur mittelbar oder erst nachträglich zu berücksichtigen. — Im übrigen ist der „absoluten Theorie" zwar zuzugeben, daß der Wortlaut des Art. 19 Abs. 2 sowie die Erläuterung dieser Vorschrift durch den damaligen Ausschußvorsitzenden Dr. v. Mangoldt[37] für ihre Auslegung (bloßer „Kernbereichs"-Schutz) sprechen. Gewichtiger aber als Wortlaut und Vorstellungen des „Verfassungsgebers" sind Sinn und Zweck des Art. 19 Abs. 2. Diese Vorschrift ist heute so zu deuten, daß sie ihren Zweck (Schutz der Grundrechte) optimal erfüllt. Der Richter handelt bei einer solchen

---

[32] Zur Kritik an der absoluten Theorie s. etwa BGH DÖV 1955, 729 f. (die Auffassung des BVerwG führe zur „völligen Entwertung" der Grundrechte) und Hamel, Die Bedeutung der Grundrechte (1957) S. 42 ff.

[33] Vgl. etwa v. Mangoldt-Klein, Das Bonner Grundgesetz (1957) S. 559 f.

[34] So folgerichtig Herbert Krüger, Allg. Staatslehre (1964) S. 536 f., der allerdings sogleich anfügt: „Man braucht kein Schwarzseher zu sein, wenn man voraussieht, daß im Ernstfall einer solchen Entschlossenheit nicht mehr viel zu finden sein wird." Vgl. auch Krüger a.a.O. S. 553 f.

[35] Vgl. etwa E. R. Huber, DÖV 1956, 135 (142 f.). Huber meint, der durch Art. 19 Abs. 2 garantierte Schutz setze zwar „erst an einer extremen Grenze" ein, gebe dafür aber dem Recht an dieser Grenze eine „absolute Impermeabilität". Huber engt das „substanzielle Minimum" dann jedoch so ein, daß eine Bedürfnisprüfung im Rahmen des Art. 12 nicht als „Substanzverletzung" erscheint.

[36] So früher das BVerwG (siehe oben IV Anm. 1).

[37] Siehe oben unter II.

funktionellen Auslegung auch da im Sinne des „Verfassungsgebers", wo er sich von dessen historisch gebundenen Vorstellungen löst.[38]

Der genannte Satz[39] ist der richtige Ausgangspunkt für eine befriedigende Lösung auch der schwierigsten Probleme, so etwa des Ausnahmezustandes (Staatsnotstandes);[40] der Frage, ob und inwieweit die Grundrechte auch im sog. „besonderen Gewaltverhältnis"[41] gelten;[42]

---

[38] Zu dem hier angedeuteten Problem hat Erich Kaufmann ganz allgemein bemerkt: „Es ist nicht nur ein Scherz und vielleicht nur etwas auf die Spitze getrieben ausgedrückt, wenn ich glaube, fordern zu sollen, daß erstens kein Mitglied des Parlamentarischen Rates in das Verfassungsgericht kommt und daß zweitens die Materialien des Parlamentarischen Rates, wenn nicht verbrannt, so doch in einem verschlossenen Schrank gehalten und nur zu rein historischer Arbeit herangezogen werden. Auch die vom besten Willen beseelten Verfassungsgesetzgeber in Bonn waren Menschen und als solche dem Irrtum unterworfen und konnten nur beschränkte und zeitgebundene Einsichten haben" (Die Grenzen der Verfassungsgerichtsbarkeit, VVDStRL 9 (1952) S. 12 f.; jetzt auch abgedr. in Gesammelte Schriften I 1960 S. 500, 510).

[39] „In keinem Falle darf ein grundsätzlich geschütztes Freiheitsinteresse stärker beeinträchtigt werden, als dies zum Schutze höherwertiger Rechtsgüter erforderlich ist."

[40] Siehe hierzu Art. 15 der Europäischen Konvention zum Schutze der Menschenrechte und Grundfreiheiten; K. Hesse, Grundfragen einer verfassungsmäßigen Normierung des Ausnahmezustandes, JZ 1960, 105 ff.; Hans-Ernst Folz, Staatsnotstand und Notstandsrecht (1962), bes. S. 190 ff. Auch P. Lerche, der die „Lehre von den vordringlichen Allgemeininteressen" grundsätzlich ablehnt, greift im Falle des Staatsnotstandes auf ihre Grundgedanken zurück (Lerche, Übermaß und Verfassungsrecht, 1961 S. 301 ff.).

[41] Siehe hierzu etwa die Referate von Herbert Krüger und von Ule, Das besondere Gewaltverhältnis, VVDStRL 15 (1957) 109 ff., 133 ff.

[42] Hierzu hat etwa das BVerwG in seinem Urteil zu der Frage, ob die Universität einen Studenten ausschließen darf, weil er verbotswidrig Farben getragen hat, erklärt: „Eine Einschränkung der durch das Grundgesetz gewährleisteten Freiheitsrechte ist jedoch nach allgemeiner Auffassung auch im Rahmen besonderer Gewaltverhältnisse nur zulässig, wenn sie durch dessen Zweck ihre Rechtfertigung findet... Die Einschränkung darf nicht tiefer dringen, als es das Wesen oder der Zweck des besonderen Gewaltverhältnisses unmittelbar erfordern..." (BVerwG 7, 125 (137) = JZ 1958, 736 (741)). Von hier aus wurde dann gefolgert: „Es kann nicht anerkannt werden, daß die Aufrechterhaltung der äußeren und inneren Ordnung des Studienbetriebes oder ein verbandsrechtlich begründeter besonderer Erziehungs- und Bildungszweck eine so weitgehende Maßnahme wie den Ausschluß vom Studium bei einer Verletzung des Farbenverbots unumgänglich machen... Ebensowenig lassen sozialstaatliche Motive den Ausschluß aus der Hochschulgemeinschaft wegen einer Übertretung des Farbenverbots zwingend notwendig erscheinen" (S. 138 a.a.O.). — An diesem einzigen Fall zeigt sich bereits deutlich, daß hinter dem „Zweck"-Begriff, mit dessen Hilfe man das Problem zu lösen und der „Einschränkung" von Grundrechten im „besonderen Gewaltverhältnis" zu wehren sucht, nichts anderes steht, als der soeben formulierte Gedanke: In keinem Falle darf ein grundsätzlich geschütztes Freiheitsinteresse stärker beeinträchtigt werden, als dies zum Schutze höherwertiger Rechtsgüter erforderlich ist. Von hier aus lassen sich jene „entscheidenden Fragen" lösen, „wer den Zweck des Gewaltverhältnisses bestimmt (sofern es nicht der Gesetzgeber getan hat), und welchen Bindungen diese Zweckbestimmung unterliegt, werde sie nun vom Gesetzgeber, vom Anstaltsherrn oder von wem

sowie der Frage, wo die Grenzen der von Art. 2 Abs. 1 geschützten allgemeinen Freiheit („freien Entfaltung der Persönlichkeit") liegen.[43] Der

---

auch immer vorgenommen" (Bachof, JZ 1962, 400): Freiheitsbeeinträchtigende Maßnahmen, die etwa einen Beamten, einen Soldaten oder einen Schüler betreffen, sind immer nur zulässig, wenn und soweit das Freiheitsinteresse des Betroffenen einem höherwertigen Interesse nachzuordnen ist. Der „Zweck" eines besonderen Gewaltverhältnisses kann also (wie und durch wen immer er bestimmt werden mag) beeinträchtigende Maßnahmen immer nur rechtfertigen, wenn und soweit er Interessen dient, die gegenüber den Freiheitsinteressen der „Gewaltunterworfenen" den Vorrang haben (vgl. hierzu etwa BVerfG 15, 288 = NJW 1963, 755; Hamel, a.a.O. S. 51; Nipperdey, a.a.O. (Note 51) S. 816 ff.). Wann dies der Fall ist, kann — wie auch sonst — nur auf Grund einer genauen Analyse der jeweiligen Verhältnisse unter sorgfältiger Abwägung der beteiligten Interessen entschieden werden.

[43] „Jeder hat das Recht auf die freie Entfaltung seiner Persönlichkeit, soweit er nicht die Rechte anderer verletzt und nicht gegen die verfassungsmäßige Ordnung oder das Sittengesetz verstößt" (Art. 2 I GG). Umstritten ist hier, welche Bedeutung dem Begriff „verfassungsmäßige Ordnung" zukommt. Bekanntlich hat das BVerfG in dem vielgescholtenen Elfesurteil (BVerfG 6, 32) den Begriff interpretiert als „allgemeine Rechtsordnung", „die die materiellen und formellen Normen der Verfassung zu beachten hat, also eine verfassungsmäßige Rechtsordnung sein muß" (S. 38 a.a.O.). — Die Kritiker haben dieser Interpretation immer wieder vorgeworfen, sie habe contra legem für Art. 2 den allgemeinen Gesetzesvorbehalt eingeführt. Dadurch werde das Freiheitsrecht des Art. 2 entwertet. Praktisch statuiere Art. 2 nun nur noch den ohnehin selbstverständlichen Grundsatz der Gesetzmäßigkeit der Verwaltung (vgl. statt aller Nipperdey, a.a.O. (Note 51) S. 791 m.w.Nachw. sowie Ehmke, Prinzipien der Verfassungsinterpretation, VVDStRL 20 (1963) S. 82 ff. — Das BVerfG hatte auf S. 40 a.a.O. vergeblich versucht, dieser Kritik, insbes. durch den Hinweis auf Art. 19 Abs. 2, vorzubeugen). Diese Kritik am Elfesurteil wird jedoch gegenstandslos, sobald man — wie es dann im Apothekenurteil (BVerfG 7, 377) beispielhaft für das Grundrecht der Berufsfreiheit geschehen ist — den Gedanken der Güterabwägung heranzieht, um die gesetzliche Regelungsbefugnis (auch im Rahmen des Art. 2 Abs. 1) zu begrenzen. Dieser Gedanke steht bereits hinter dem Elfesurteil (BVerfG 6, 44: „... zum Schutz dieses übergeordneten Rechtguts ..."), ist dort allerdings noch nicht hinreichend herausgestellt worden. Inzwischen ist er aber auch im Rahmen des Art. 2 zunehmend hervorgetreten — vgl. BVerfG 6, 389 (433): Bestrafung der Homosexualität zulässig, da diese gegen das Sittengesetz verstößt; BVerfG 8, 274 (328): Zulässigkeit von preissteuernden „Maßnahmen, die Gefährdungen und ernsthafte Störungen des gesamten Preisstandes abwehren sollen und die für besondere Bereiche des Wirtschaftslebens zum Nutzen des Gemeinwohls geboten sind"; BVerfG 10, 354 (369 f.): Zulässigkeit ärztlicher Zwangskassen mit Beitragspflicht (kollektive Zwangsversorgung) zur „Erhaltung eines voll leistungsfähigen Ärztestandes" und damit auch zugleich zum Schutze der „Volksgesundheit"; BVerfG 13, 230 (235): Zulässigkeit von Ladenschlußbestimmungen, die die „Einhaltung der Arbeitszeitbestimmungen" für Ladenangestellte sichern und „gleiche Chancen im Wettbewerb" garantieren sollen. — In manchen Entscheidungen fehlt allerdings leider ein ausdrücklicher Hinweis auf den Gedanken der Güterabwägung, so etwa in BVerfG 9, 137 (146). — Es wäre zu wünschen, daß das BVerfG diesen Gedanken künftig auch im Rahmen des Art. 2 Abs. 1 noch stärker als maßgebend herausstellt und damit die Befürchtungen der bis heute nicht verstummten Kritik am Elfesurteil zum Schweigen bringt.

Satz führt zum bestmöglichen Ausgleich zwischen dem Freiheitsstreben des Einzelnen und den Interessen der Allgemeinheit.[44]

Freilich kann der Satz nur ein Ausgangspunkt sein. Das eigentliche Problem besteht darin, ihn in sachgerechter Weise zu konkretisieren.[45] Bei der Konkretisierung ist nun insbesondere auch darauf zu achten, daß dem Gesetzgeber eine hinreichende „Gestaltungsfreiheit"[46] verbleibt. Mit der „Stufentheorie" und dem „Differenzierungsgebot" hat das BVerfG im Apothekenurteil Gesichtspunkte herausgearbeitet,[47] die (über Art. 12 hinaus) Richtlinien für die Konkretisierung des Satzes geben.[48] Umfassen doch außer der Berufsfreiheit auch andere Grundfreiheiten (z. B. Vertragsfreiheit und Eigentum) regelmäßig eine Reihe von Befugnissen, deren Gewicht und Schutzwürdigkeit verschieden groß sind.[49] Von hier aus wird es möglich, dem Gesetzgeber innerhalb weiter Bereiche einen angemessenen Spielraum zu belassen und damit zu verhindern, daß ihm die erforderliche und ihm gebührende Gestaltungsfreiheit genommen wird.

[Das BVerfG hat selbst mehrfach betont, dem Gesetzgeber müsse eine hinreichende Gestaltungsfreiheit verbleiben. So hat es etwa im Urteil zum handwerklichen Befähigungsnachweis erklärt: „Dabei ist vom grundsätzlichen Vorrang des Freiheitsrechts auszugehen; doch darf sich der Richter über die Erwägungen und Wertungen, die den Gesetzgeber zu einer nach seiner Auffassung notwendigen Freiheitsbeschränkung geführt haben, nur dann hinwegsetzen, wenn sie sich, am Maßstab des Grundgesetzes gemessen, als unhaltbar erweisen."[50] — Das Schrifttum hat wiederholt eine strenge Selbstbeschränkung der verfassungsrichterlichen Kompetenz gefordert.[51] Es sei in diesem Zusammenhang insbe-

---

[44] Er entspricht so dem Ausgleichsstreben des Grundgesetzes, welches das BVerfG wie folgt charakterisiert hat: „Das Menschenbild des Grundgesetzes ist nicht das eines isolierten souveränen Individuums; das Grundgesetz hat vielmehr die Spannung Inividiuum — Gemeinschaft im Sinne der Gemeinschaftsbezogenheit und Gemeinschaftsgebundenheit der Person entschieden, ohne dabei deren Eigenwert anzutasten." (BVerfG 4, 7, 15 f.).

[45] Es kann insoweit auf die Ausführungen zu III. verwiesen werden.

[46] Dieser Ausdruck wird in BVerfG 11, 50 gebraucht.

[47] BVerfG 7, 377 (405 ff.); hierzu Bachof, Freiheit des Berufs, in: Die Grundrechte III/1 (1958) S. 155 (212 ff.).

[48] Vgl. Häberle, Wesensgehaltgarantie (1962) S. 68.

[49] So umfaßt etwa die — durch Art. 2 Abs. 1 geschützte — Vertragsfreiheit das Recht freier Wahl der Form, des Inhalts, des Abschlusses und der Aufhebung von Verträgen (vgl. F. Rittner, Die Ausschließlichkeitsbindungen, 1957, S. 11).

[50] BVerfG 13, 97 (105) = NJW 1961, 2011 (2012).

[51] Siehe etwa die eindringliche Mahnung von Horst Ehmke, der — insbesondere auch im Hinblick auf das von ihm grundsätzlich kritisierte Apothekenurteil — betont, „daß ... das A und O verfassungsgerichtlicher Interpretation die nicht nur proklamierte, sondern auch praktizierte Zurückhaltung

sondere auf die wiederholt zitierte Arbeit von Peter Lerche hingewiesen, deren Hauptanliegen darin besteht, einer schematisch-undifferenzierten Anwendung des Übermaßverbotes und damit einer allzu starren Bindung des Gesetzgebers zu wehren.[52]]

Der Umfang der gesetzlichen Gestaltungsfreiheit bestimmt sich, wie das Apothekenurteil am Beispiel der Berufsfreiheit zeigt, nach der Regel: Je empfindlicher eine gesetzliche Regelung den Einzelnen in seinen Freiheitsinteressen trifft, je belastender sie sich für ihn auswirkt, um so geringer wird der dem Gesetzgeber verbleibende Spielraum, desto mehr verstärkt sich also der Schutz zugunsten des Betroffenen.[53] Bedeutsam ist ferner, ob und inwieweit die beeinträchtigende Regelung zugleich auch Vorteile für den jeweils Betroffenen mit sich bringt.[54]

Das Apothekenurteil hat in Theorie und Praxis weithin Anerkennung gefunden.[55] Aber der ihm zugrunde liegende Satz[56] wird noch nicht all-

---

des Gerichtes sein muß" [Prinzipien der Verfassungsinterpretation, VVDStRL 20 (1963) S. 52 ff. (97)]. Vgl. ferner etwa Zippelius, Wertungsprobleme im System der Grundrechte (1962) S. 198 ff. (mit weit. Nachweisen).

[52] P. Lerche, Übermaß und Verfassungsrecht (1961), bes. S. 98 ff. Lerche stuft die Geltungsintensität des Übermaßverbotes ab. Er stellt hierbei allerdings nicht — wie hier befürwortet — auf das Gewicht und den Grad der Beeinträchtigung der jeweils betroffenen Interessen ab, sondern auf die *Art der jeweiligen „Grundrechtsbegrenzung"*. Nach Lerche sind nämlich *verschiedene Kategorien* von „Grundrechtsbegrenzungen" zu unterscheiden, und zwar die „Hauptformen des Grundrechtseingriffs, der Grundrechtsverdeutlichung, der Grundrechtsprägung, der grundrechtlichen Mißbrauchabwehr und der grundrechtlichen Konkurrenzlösung" (S. 99 ff., 350 Ziff. 4). — [Hierbei soll für „mißbrauchabwehrende Normen" das Übermaßverbot voll gelten (S. 134), für „eingreifende Normen" grundsätzlich (S. 137 ff.), für die „grundrechtsprägenden Normen" grundsätzlich nicht (S. 140 ff.), für die „konkurrenzlösenden Normen" bis zu einem gewissen Grade (S. 151 ff.), für die „verdeutlichenden Normen" nicht (S. 153 ff.)]. — Gegenüber dieser Einteilung ist zu bemerken, daß es bei jeder „grundrechtsberührenden" Norm (wie immer man sie klassifizieren mag) stets *um ein und dieselbe Frage* geht: um die Frage nämlich, *ob und inwieweit ein bestimmtes, in einer Grundrechtsnorm genanntes Freiheitsinteresse Schutz verdient*. Und diese Frage läßt sich nur dadurch lösen, daß man nach dem Gewicht und dem Grade der Beeinträchtigung der jeweils betroffenen Interessen abstuft. Dieser Gedanke steht im Grunde wohl auch hinter Lerches Versuch einer Kategorienbildung. Jedenfalls kommt Lerche, wie insbes. seine (im Ergebnis bejahende) Stellungnahme zum Apothekenurteil zeigt (S. 145, 253) letztlich weithin zu den gleichen Resultaten, die man auf dem hier befürworteten Wege erreicht.

[53] Bachof hat diesem Grundgedanken des BVerfG zugestimmt und zugleich vor einer Überschätzung formeller Gesichtspunkte — wie der Unterscheidung zwischen „subjektiven" und „objektiven" Zulassungsbedingungen — gewarnt (Bachof, in: Die Grundrechte III/1, 1958, S. 215, 217 f.).

[54] Vgl. hierzu etwa BHGSt 4, 375 (378 f.) — Gutachten betr. die Zulässigkeit des Impfzwangs.

[55] Siehe etwa Bachof, Zum Apothekenurteil des Bundesverfassungsgerichts, JZ 1958, 468; ders., in: Die Grundrechte III/1 (1958) S. 215; Nipperdey, in: Die Grundrechte IV/2 (1962) S. 889. Das BVerwG hat sich dem Apothekenurteil angeschlossen (BVerwG 7, 287). — Soweit das Urteil kritisiert wird, richtet

gemein anerkannt. Zudem wird oft nicht erkannt, daß gerade dieser
Satz dem Sinn des Art. 19 Abs. 2 entspricht, daß also eine Regelung, die
diesem Satze Rechnung trägt, damit gerade unter dem Gesichtspunkt
des Art. 19 Abs. 2 zulässig ist (den „Wesensgehalt" des betroffenen
Grundrechts also nicht „antastet"). Steht fest, daß eine als verfassungs-
widrig angegriffene Norm zum Schutze höherwertiger Güter erforderlich ist, so erübrigt sich jede weitere Prüfung! Und es ist deshalb unrichtig und irreführend, die Norm anschließend „auch noch" unter dem
Gesichtspunkt des Art. 19 Abs. 2 zu prüfen. Leider hat das aber das
BVerfG in einem Falle getan, in dem es um die Verfassungsmäßigkeit
einer Körordnung ging.[57] Ein Bauer hatte vorschriftswidrig seinen Bul-
len nicht gekört und sollte bestraft werden. Der Strafrichter legte die
Körordnung dem BVerfG vor. Dieses verneinte eine Verletzung sowohl
des Art. 12 (Berufsfreiheit) als des Art. 14 (Eigentum): Soweit die Vorschrift die Berufsausübung regele, sei sie durch die von der Bundes-
regierung und der Bayerischen Staatsregierung im einzelnen dargeleg-
ten ernährungspolitischen Gründe gerechtfertigt und gehe inhaltlich
nicht über das Maß des Gebotenen und für den Tierhalter Zumutbaren
hinaus. Bezüglich des Art. 14 handle es sich um eine Bestimmung von
Inhalt und Schranken, die aus den gleichen Gründen zulässig sei. — Anstatt seine Prüfung hiermit abzuschließen, erklärte das Gericht dann
noch zusätzlich (!), die Bestimmung berühre nicht den „Kernbereich der
menschlichen Persönlichkeit". Sein Verweis auf BVerfG 6, 32 (41) ergibt, daß das Gericht hierbei an Art. 19 Abs. 2 dachte. Es zeigt sich hier
deutlich, daß sich das BVerfG offenbar nicht darüber klar ist, daß die
von ihm im Apothekenurteil anerkannten Gedanken gerade dem Sinn
des Art. 19 Abs. 2 entsprechen.[58]

Die bestehenden Unklarheiten sind wohl hauptsächlich der Systematik zuzuschreiben, für die sich das Grundgesetz im Grundrechtsteil entschieden hat.

---

sich die Kritik weniger gegen die vom BVerfG für maßgeblich erklärten Prin-
zipien als dagegen, daß das Gericht im konkreten Fall den Erwägungen und
Wertungen des Gesetzgebers zu wenig Gewicht beigemessen habe (in diesem
Sinne Ehmke, VVDStRL 20, 96 f.).

[56] „In keinem Falle darf ein grundsätzlich geschütztes Freiheitsinteresse
stärker beeinträchtigt werden, als dies zum Schutze höherwertiger Rechtsgüter
erforderlich ist."

[57] BVerfG 10, 55.

[58] Sollte sich jedoch die zusätzliche Äußerung zum „Kernbereich" überhaupt
nicht auf Art. 12 und 14 beziehen, sondern — wie Ehmke in VVDStRL 20 (1963)
S. 84 meint — auf Art. 2 Abs. 1, so wäre dem entgegenzuhalten, daß Art. 12
und 14 als Sondernormen die Anwendung des Art. 2 Abs. 1 doch von vornherein ausschließen — was das BVerfG (a.a.O. S. 58) übrigens selbst betont.
In jedem Falle wäre zu wünschen, daß die bestehenden Unklarheiten bei
nächster Gelegenheit bereinigt werden.

Hätte das Grundgesetz — wie die Verfassung der Vereinigten Staaten
— sämtliche Grundrechte ohne jeden ausdrücklichen Vorbehalt statuiert
und es damit von vornherein voll der Rechtsprechung überlassen, den
Geltungsbereich der Grundrechtsnormen herauszuarbeiten, so wären
die Unklarheiten schwerlich entstanden und der Satz: „Jede Grundrechtsnorm gilt nur, dafür aber auch immer, wenn und soweit dem
geschützten Freiheitsinteresse keine höherwertigen Interessen (Rechtsgüter) entgegenstehen", wäre wohl längst allgemein anerkannt.[59] Aber
auch vom Boden der jetzigen Systematik aus würde dieser Satz heute
wohl eher anerkannt sein, wenn der Art. 19 Abs. 2 glücklicher formuliert oder ganz gestrichen worden wäre. Das macht u. a. ein vergleichender Blick auf das Schweizer Verfassungsrecht deutlich, das keine
dem Art. 19 Abs. 2 GG entsprechende Vorschrift kennt.[60]

Von hier aus empfiehlt es sich, den Art. 19 Abs. 2, falls man ihn nicht
überhaupt als entbehrlich streichen will,[61] in eine für die Zukunft er-
hoffte gesamtdeutsche Verfassung nicht in der gegenwärtigen Fassung
zu übernehmen, sondern ihn umzuformen in den klaren Satz: „In keinem Falle darf ein grundsätzlich geschütztes Freiheitsinteresse stärker
beeinträchtigt werden, als dies zum Schutze höherwertiger Rechtsgüter
erforderlich ist."[62]

---

[59] Ein allgemeiner Verzicht auf ausdrückliche Vorbehalte hätte freilich im
Widerspruch zur europäischen Verfassungstradition gestanden und konnte
darum vom Grundgesetz schwerlich erwartet werden. Indes interessiert hier
die Möglichkeit eines solchen Verzichts allein unter systematischen Gesichtspunkten.

[60] Man geht in der Schweiz davon aus, daß sämtliche Grundfreiheiten ausdrücklich oder stillschweigend unter dem Vorbehalt des „ordre public" stehen
(siehe M. Bridel, Sur les limites des libertés individuelles, in: Die Freiheit des
Bürgers im Schweizerischen Recht, 1948, S. 99 ff., 109). Doch schützt das
Schweizer Bundesgericht — das insoweit freilich nur Staatsakte der Kantone,
nicht hingegen solche des Bundes überprüfen darf (vgl. Hans Huber, Die ver-
fassungsrechtliche Bedeutung der Grundrechte in der schweizerischen Rechtsprechung, in: Recht, Staat, Wirtschaft IV, 1953, S. 120 ff.) — die Grundrechte
durch das Erfordernis der Verhältnismäßigkeit (Nachweise bei Bridel a.a.O.
S. 111) und den Gedanken der Güterabwägung. Bridel bemerkt hierzu, das
Bundesgericht habe bisher zwar, soweit ersichtlich, in diesem Zusammenhang
nicht ausdrücklich von einer Güterabwägung gesprochen. Aber in den weitaus
meisten einschlägigen Entscheidungen sei eine richtige Bewertung der einander gegenüberstehenden Interessen nachweisbar.

[61] Handelt es sich doch bei dieser Norm, wie bereits im Apothekenurteil
zum Ausdruck kommt (vgl. den aufschlußreichen, oben IV. Anm. 26 zitierten
Passus des Urteils) und wie auch P. Häberle (Wesensgehaltgarantie, 1962,
S. 234) festgestellt hat, um eine rein deklaratorische Vorschrift. Von hier aus
wird verständlich, daß andere Verfassungen — insbesondere die der Vereinigten Staaten und der Schweiz — ohne eine solche Bestimmung auskommen.

[62] Um naheliegenden Mißverständnissen vorzubeugen, sei hier nochmals betont, daß bei der Konkretisierung dieses Satzes nach den Gesichtspunkten des
Apothekenurteils differenziert werden muß. Dem Gesetzgeber verbleibt also
weithin ein angemessener Spielraum und damit die ihm gebührende „Gestaltungsfreiheit" (s. näher oben S. 60 f.).

Printed by Libri Plureos GmbH
in Hamburg, Germany